ティボー・ヴィラノヴァ

原神レシピブック
テイワットグルメ紀行

レシピブック

写 真
ニコラ・ロベスタエル

フードスタイリング
シドニー・パン

協力シェフ：ポール・ペレ、モリー・サッコ

Copyright ©miHoYo. All Rights Reserved.
Original Creation by Mana Books
Officially Licensed by Genshin Impact Project Team
© 2024 Thibaud Villanova
Photograph: Nicolas Lobbestael
First published in France in 2024 by Mana Books, an imprint of AC Media Ltd.
Japanese translation rights arranged with AC Media Ltd. through Tuttle-Mori Agency, Inc.

原神プロジェクトチーム公認

※本書は2024年にフランスAC MEDIA社より刊行された『GENSHIN IMPACT OFFICIAL COOKBOOK』の日本語版です。
本書に掲載されている調理器具・食材については、P.189に日本語版編集部による注釈を記載しています。

原神レシピブック
へようこそ!

この料理の冒険を始めるにあたり、まずはこの本を手にし、楽しみにしてくださっているみなさまに感謝の気持ちをお伝えします。

　私、ティボー・ヴィラノヴァは、「ガストロノギーク（美食オタク）」という通り名で知られています。私は10年前から最も注目を集める空想の世界にインスパイアされた料理本を執筆しており、この度は素晴らしい『原神』のレシピに命を吹き込むようお声がけいただき、大変光栄に感じています。本書における私の仕事はかなり特殊で、レシピを考案してその作り方をお伝えするだけでなく、みなさんが好きな『原神』の世界に登場するグルメに没入できるよう、主人公やお気に入りのキャラクターたちが料理を楽しむシーンのセットも再現するというものでした。この本のページをめくりながら、モンドから璃月やスメールを通って稲妻を巡る、グルメの旅へと出発しましょう!

　「原神レシピブック」は他の私の著書と同様にレシピを紹介する料理本ではありますが、料理をより身近なものとして広めたいという思いが込められています。料理に慣れている方なら、ゲームに登場するお気に入りの料理を簡単に再現できるでしょう。しかし、今はまだ料理が得意でない人でも、少し注意するだけで新しい技術や料理のコツを身につけることができるので、キッチンが日々身近な場所となっていくことでしょう。

　この本を開いて今あなたが一歩を踏み出したこの旅について、もう少し詳しくお話ししましょう。私はこの「原神レシピブック」を、旅人であるみなさんがよくご存じの特別な任務、すなわち「全能グルメチーム」の任務に応える形で執筆しています。ゲームでは、一流シェフが旅人にレシピを完成させたり、ゲーム内の新しいレシピをアンロックするため時には命がけで食材を集めるよう求めたりします。任務を通じて、旅人はテイワットの果てまで旅し、各国の美食文化を発見することとなります。こうした目的のもと、私はこの本を製作し、レシピを考案しました。

　装備が揃い、心の準備ができたら、さあ任務に出発しましょう!　テイワットを象徴する料理をつくったり、お友だちやご家族と料理をつくって一緒に食べ、素晴らしいひとときをすごしてください。

　この本があなたのお気に入りになり、あなたの舌を楽しませることができることを心から願っています。この本が読んで楽しく、あなたに喜びと満足をもたらすよう願っています。

　テイワットへようこそ!　美味しい食事をお楽しみください!

ガストロノギーク
ティボー・ヴィラノヴァ

本書に寄せて / ポール・ペレ料理長

ミシュランガイド三つ星レストラン ★ ★ ★ 「ウルトラバイオレット」
上海 2020年よりリアリティ料理番組「トップ・シェフ」フランス版の審査員

いやはや、ティボー・ヴィラノヴァ――またの名を「ガストロノギーク（料理オタク）」――は、ぶっ飛んだ人間である。名前からして「料理オタク」ときたものだ。この「料理オタク」君は想像の世界にどっぷりはまった料理本のパイオニアである…。そう、私は警戒しておくべきだった。「面白科学と食のテクノロジーの融合」などというテーマを聞いた時点で、「ピーポー！　ピーポー!」という心のアラートが鳴っていたというのに。しかし、結局、忙しくていつもはオファーを断るものの、つい変わったものに惹きつけられ、引き受けたのは私自身の責任にほかならない。
「『本書に寄せて』を書いてほしいとの依頼を受けたのだが…もちろん喜んで書かせていただきますとも。ぶっ飛んだ者同士のよしみでね…」。

さて、我らがガストロノギーク、ティボーに私が初めて会ったのは、かつて「知識人」のグルメのメッカであったモントルグイユ通りカフェ「オー・ロシェ・ド・カンカル」であった。ティボーは才気溢れる優しき変人で、コーヒーを飲み干すほんの短い時間にその濃すぎる人生を矢継ぎ早に語ってくれた。コーヒーカップを片手に身を乗り出しながら、漫画やアニメ、ドラマ、映画、ゲームをひたすら一気見すること、そこで見つけた料理を再現すること、あるいは想像することに人生を費やしているのだと話した。今や彼の活動は目を見張る書籍コレクションとして世に出ており、ティーンエイジャーにしか解読できないようなウェブネットワークを通じて広まる一方（ちなみに、協力する私はもちろんもうティーンエイジャーではないが（笑））、時にはクラウドファンディングでの資金集めもするといい、これは彼がただのオタクではないということを示している。ティボーが手掛けたオタク関連の資料はもはや数え切れないほどで、つくったレシピはゆうに1,000件を超え、映画やゲームなど数百作品に登場するレシピを20冊以上の料理本にまとめている。

こうして、ティボーは椅子から半身を乗り出し、コーヒーを一杯飲む間に一気に語り尽くしてくれた。さて、彼の第一印象は誠実だった。変わり者だけど、優しく、誠実さが伝わり、私はその熱意に引き込まれた。一方で『原神』のクリエイターたちの豊かな想像力にも驚愕した。RPG、アドベンチャー、エピックバトルファンタジーが繰り広げられる世界で、ゲームの回復アイテムがポーションやダイヤではなく、なんと料理であり、それをプレイヤーが作らなければならないのである!そう、料理が『原神』をプレイする上での最も重要なスキルのひとつとなっているのだ。しかも回復レシピは世界中の料理を網羅している。たとえば、点心を楽しみながら、カスレやブーダン・オ・ポム（血のソーセージのリンゴ添え）のレシピを目にするとは、まさかの展開で夢を見ているような気分だった。「ピーポー！　ピーポー!」また、警報が聞こえてきた。いや、すっかり油断していたようだ。とはいえ、私は変わったものに吸い寄せられてしまう体質なのだ（笑）。

『原神』の世界のレシピを多くの人に広めるには、この料理オタクの才能がまさに不可欠であった。たとえば、カスレのレシピを読むと、「材料をすべて鍋に入れ、混ぜて、あとは煮込むだけ」とある。料理オタク君、やめてくれ!これでは簡単すぎて、料理人である私の出る幕がないじゃないか!　私はいつも、「自分の料理のバイブルはドナルドおばあちゃんのおいしいレシピだ」と言ってきた（そう、あのドナルドダックのシリーズだ）。興味のある人は私のレストラン「ウルトラバイオレット」にぜひ来ていただきたい。ポップカルチャーをヒントにしたたくさんの料理に出会えるはず。そう、ここはぶざけたことをまじめに追及する3つ星レストランなのだ。ぶっ飛んだ者たちに万歳!「ピーポー！　ピーポー!」

シェフ、ポール・ペレ

本書に寄せて / モリー・サッコ料理長

ミシュランガイド一つ星レストラン⭐「モスケ」
リアリティ料理番組「トップ・シェフ」フランス版シーズン11出演、2021年「ヤング・シェフ・アワード」受賞

私にとって料理とはゲームであり、そのゲームにおける限界は、自分自身が決める以外にありません。この「ゲーム」には集中力が求められますし、リスクを取り、一定の技術的な熟練を習得する必要がありますが、とりわけ大事なのはあまり真面目になりすぎないことです。こうしたことは、私にとって料理そのものと同じくらい重要です。

表現手段としての料理は、人類の好奇心と創意工夫によって、生存のための必要性が喜びへと変わったところにその起源があります。この喜びは、人々と分かち合い、交換し、そして時には異なる要素を融合させることで生まれます。料理を語るとき、喜びはいたるところに存在します。料理人が料理を創造し、提供する際に感じる真摯な喜びもあれば、それを味わう人が感じる美食の喜びもあります。また、料理を通して自分の文化の一片を共有することも喜びとなります。

一度「喜び」へと昇華された生存のために食べるという必要性は、こうして「文化」へと変わりました。それぞれのレシピには独自の物語があり、ある時代や特定の土地への愛着の物語、または思い出の再現、そして、時には失敗から学んだ教訓が込められることもあります。こうした物語を通じて料理は少しずつ文化となり、レシピによっては多くの人々の想像のなかに根付き、「私たち」を結びつけるものもあります。こうしたレシピの多様性から私たちひとりひとりの中に異なる思い出が作られ、

それが私たちのアイデンティティの一部を形成します。必要が喜びに変わり、喜びが文化に変わり、文化が個性へと変わるのです。私は母の牛肉のマフェソース煮も、地元のケバブやデザート前のブリーチーズも、どれ

も優劣なく、すべて私のアイデンティティを構成するものとして誇りに思っています。

これらのレシピによって、私は言葉を使うことなく自分の個性の一部を共有することができます。これは料理の持つ力です。料理は言葉と同じくらい強力な表現手段です。料理は記憶、感情、驚きを呼び起こし、交流を促進します。つまり、料理は人と人をつなぐ手段となりえるのです。

ティボーはその著書を通じて、みずからの人格を余すことなく表現し、文化に貢献しています。彼は常に喜びを忘れることなく、新しい物語を分かち合う自由を謳歌しています。彼の強さは、ポップカルチャーと料理を偽りなく真摯に結びつける点にあります。私は料理が、自分の文化を喜びとともに称え、分かち合うための最も個性的な方法だと考えています。

レシピを発明し、それを分かち合うものはみな、人々に幸せをもたらすことができるのです。

幸せの創造者、ティボーに乾杯!

シェフ、モリー・サッコ

ジュリー	旭東	パルヴァネ	亀井宗久
モンド	璃月	スメール	稲妻

全能グルメチーム
ローカル料理に出会うことが大好きな
4人のグルメ仲間です。

親愛なる旅人さんへ

　おそらく、あなたはすでにテイワットでのグルメ巡りの旅を始めていることでしょう。あなたが手にしているこの本は新たなグルメの冒険を提案しています。それは「全能グルメチーム」として知られるジュリー、旭東、パルヴァネ、亀井宗久の旅です。彼らは各地域の独自の料理を通してその土地のエッセンスを捉えるため、世界を旅しました。

　ページをめくると、モンドの風神のそよ風を思わせる軽やかな料理、璃月港の海岸にある月海亭の陸と海の幸の風味をいかした絶品料理、稲妻の電撃的な料理の秘密、そして知恵の地、スメールでの、心身を刺激するエキゾチックなハーブやスパイスを用いた料理に出会うことができます。

　テイワットの本物の香り、素晴らしい創作料理、外せないレストランのおすすめ料理に浸り、五感を存分に目覚めさせる饗宴をご堪能ください。

モンド
p.12

◆ **冒険者エッグバーガー** 017
ポーチドエッグ、オランデーズソース、ハム、パン・ド・カンパーニュのトースト

◆ **モンド風ハッシュドポテト** 019
ハッシュドポテト、松の実、飴色玉ねぎ、コケモモジャム

◆ **松茸のバター焼き** 022
キノコのハーブバターソテー

◆ **冷製肉盛り合わせ** 025
グリルソーセージとスモークベーコンのビーフデミグラスソース仕立て

◆ **スパイシーポトフ** 027
仔牛と星形ニンジンのピリ辛ブランケット

◆ **荒波パイ** 031
昔ながらのミートパイ

◆ **眠気覚ましピザ** 035
チーズたっぷりマッシュルームのピザ

◆ **五九三式栄養食** 039
ブロッコリーとカリフラワーのグラタン　ほうれん草のベシャメルソース仕立て　チーズのチュイル添え

◆ **ヴァーディクトディナー** 043
ローストチキンとパールオニオンのハニーバター仕立て　グリーンピース添え

◆ **「モンドの過去」** 047
ラクレット風重ね焼きチーズグリル

◆ **真・風神ヒュッツポット** 048
ジャガイモと玉ねぎのシチュー

◆ **極みの一釣り** 051
海鮮煮込み

◆ **ふわふわパンケーキ** 053
とろけるパンケーキ　バニラ風味のホイップクリームとチョコレートソースがけ

◆ **ミントゼリー** 056
フレッシュミントゼリー

◆ **ミントベリージュース** 059
パイナップルとミントのモクテル

璃月
p.60

◆ 美露エビ
緑茶と花粉風味のエビのソテー ... 065

◆ ミントの獣肉巻き
フレッシュミントの牛肉巻き　オリジナル潮州辣椒油仕立て ... 066

◆ 明月の玉子
エビと魚の蒸し点心 ... 069

◆ 岩港三鮮
オリジナル地三鮮 ... 070

◆ 江湖百味
エビとニンジンの点心 ... 073

◆ 翠玉福袋
レンコンと豚ひき肉のピリ辛ブイヨン入り巾着 ... 074

◆ 乾坤モラミート
フライパンで作る即席パンとスパイシー肉煮込み ... 077

◆ 九死一生の焼き魚
鯛の香草詰めグリル ... 081

◆「法律ここにあり」
豆腐のカニ風味 ... 082

◆ 仙跳牆
オリジナル佛跳牆 ... 084

◆ 獣肉シチュー
野菜と牛肉のハーブ煮込み ... 087

◆ 万民堂水煮魚
スズキと野菜のスパイシーブイヨン煮込み ... 089

◆ ロック・チキン！
鶏肉のフランベとピーマンのスパイシー炒め ... 090

◆ 雲隠し玉
ヘーゼルナッツのお菓子 ... 093

◆「夢」
杏仁豆腐とティーシロップのデザート ... 094

稲妻
p.96

◆ **眩暈回避術・改**
オニギリとポン酢サーモン 101

◆ **強者の道のり**
焼きそばミルクパン 102

◆ **福は内うどん**
あっさりだしのきつねうどん 105

◆ **「温もり」**
豆腐とわかめの味噌汁 106

◆ **オムライス・ワルツ**
ふんわりオムレツ、トマト風味のカレーソース添え 109

◆ **唯一の真相**
卵とじのカツ丼 113

◆ **常勝伝説**
オリジナル豚骨ラーメン 117

◆ **永遠なる信仰**
だし巻き卵 120

◆ **ラズベリー水まんじゅう**
ピーナッツ風味の和菓子 123

◆ **三色団子**
豆腐と抹茶のお菓子 124

◆ **「紅炉一点雪」**
あんこ入り桜餅 127

◆ **紫苑雲霓**
紫山芋風味バブルティーラテ 128

◆ **お好み焼き**
伝統的お好み焼き 131

◆ **魚とダイコンの煮込み**
鯖と黒ダイコンの煮込み 132

◆ **五宝漬物**
野菜の漬物 135

スメール

p.136

◆ サモサ
肉と野菜の包み揚げ　　141

◆ タンドリーチキン
香辛料とヨーグルト風味のチキン　　142

◆ ミントビーンスープ
グリーンピースとフレッシュミントのヴルーテ　　145

◆ パニプリ
ポテトとひよこ豆のフライドボール　緑のソース添え　　147

◆ 憧れ
スパイシー子羊とフムスのピタパン　　151

◆ モラ、早くいらっしゃい！
私流バターチキン　　152

◆ シャワルマサンド
スパイシーローストチキンの薄焼きガレット　　155

◆ ランバドフィッシュロール
二度焼き鱒のグリル　紫カリフラワーピューレ包み　　156

◆ カレーシュリムプ
車エビカレー　　159

◆ 獣肉のビリヤニ
子羊肉とライスのスパイシー煮込み　　160

◆ バクラヴァ
ミックスナッツと蜂蜜のお菓子　　163

◆ ナツメヤシキャンディ
ゴマとピスタチオのオリジナルお菓子　　165

◆ 安眠へのデザイア
ラベンダーとバラのカスタードクリーム　　166

◆ マサラチーズボール
マサラソースのチーズボール　　168

◆ 決闘の魂
陸と海の幸のおこげ料理（オリジナルタフチーン）　　171

◆ 料理のコツ　　174

モンド

テイワット大陸の北東部に位置する自由の城。

山々と平原の合間から蒲公英の息吹を引き連れた自由の風が吹き、
シードル湖を撫でる。
そして、風神バルバトスの祝福と恵みが、
湖の中心——モンド城へと届けられる。

モンドでの食事

モンドへようこそ！ ここは魅惑的な風景とボリュームたっぷりの料理で知られる素晴らしいテイワットの国です。モンドには「鹿狩り」などのレストランがあり、旅人は地域の温かいおもてなしの雰囲気にひたりながら美味しい料理を堪能することができます。

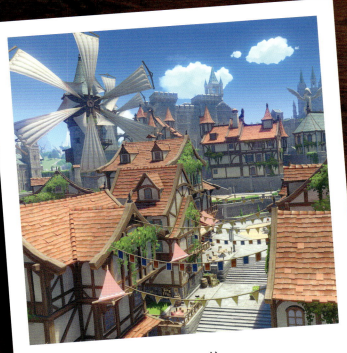

モンド城

キャッツテール

エンジェルズシェア

エンジェルズシェア

鹿狩り

キャッツテール

冒険者エッグバーガー

ポーチドエッグ、オランデーズソース、
ハム、パン・ド・カンパーニュのトースト

レベル：1

4人分 ・ 準備時間：15分 ・ 調理時間：15分

材料

オランデーズソース：	ポーチドエッグ：
澄ましバター260g	有機平飼い卵（大）8個
卵黄6個	ホワイトビネガー大さじ1
レモン果汁1個分	
米酢小さじ2	パン・ド・カンパーニュ 8枚
塩6g	バター
コショウ2g	粒入りマスタードまたは自家製フルーツマスタード大さじ8　※料理のコツ（P.177）を参照
	ブイヨンで煮た無添加有機ハム8枚
	粗挽きコショウ

◆ まず、オランデーズソースの準備をします。大きめのキャセロール鍋に水をたっぷり入れて沸騰させ、湯煎の準備をします。バターを溶かしておき、温かいままにしておきます。卵黄をボウルに入れ、レモン果汁、米酢、塩、コショウを加えたら、ボウルを湯煎にかけます。2分間力強く泡立て器でかき混ぜ、粘り気のあるソースになったら、溶かした澄ましバターを混ぜながら少しずつ加えます。塩とコショウで味を整えたら完成です。ここで重要なのは卵が固まってオムレツのようにならないようにすることです。固まりそうになったら、ボウルを湯煎から外すか、キャセロール鍋の火を弱めてから、卵に火が通りすぎないよう泡立て器でかき混ぜてください。

◆ 次に、パン・ド・カンパーニュをトーストします。パンに室温でやわらかくしたバターを塗り、中火にしたフライパンに並べて焼きます。その間にポーチドエッグの準備をします。ボウルに多めの氷水をはっておきます。別の大きめのココット鍋でお湯を沸騰させ、ホワイトビネガーを加えます。卵8個を8個のココット皿の中にそれぞれ割り入れます。スープスプーンや木べらを使ってお湯のまん中に渦を作り、卵をひとつずつ丁寧に入れます。卵がココット鍋の底まで沈み、卵白で包み込むようにします。必要であれば穴杓子を使って卵白を卵黄の方に寄せて形を整えます。火を弱め軽く沸騰させたまま、卵を2分45秒茹でます。その後、穴杓子で卵を慎重に取り出し、氷水にそっと入れて冷ましたら、キッチンペーパーの上に置き、盛り付けるまで置いておきます。

◆ 次に、トーストしたパンに粒マスタードを塗ります。

◆ 各皿に2枚ずつトーストしたパンを並べ、それぞれにブイヨンで煮たハムのスライスを乗せます。その上にポーチドエッグを置き、温かいオランデーズソースを注ぎます。最後に、挽きたてのコショウを軽くふりかけて、頂きます。

冒険者エッグバーガー

栄養満点のたまご料理。海の波のように揺れるポーチドエッグに朝日のようなマヨネーズがかかっている。ふんわりとした食感に心が浮き立つ。そこへ雲を散らす風のようにハム特有の塩の香りが吹き込んでくる。昇る朝日を遮るものは何もない。

17

モンド風ハッシュドポテト

ハッシュドポテト、松の実、
飴色玉ねぎ、コケモモジャム

レベル：1

4人分
準備時間：**30分**
調理時間：**30分**
寝かせる時間：**冷蔵庫で1時間**

材料

ハッシュドポテト：
大きめのジャガイモ5個
粗塩20g
玉ねぎ2個
チャイブの茎10本
ひまわり油
バター 20g
ひき肉（豚肉、牛肉、仔牛肉、鶏肉など）150g
塩、コショウ
片栗粉大さじ2
揚げ油1500ml

衣：
卵2個
塩
片栗粉または小麦粉80g
パン粉140g
松の実ひとつまみ
コケモモジャム

モンド風ハッシュドポテト

ジャガイモで作ったスナック。少し小ぶりなハッシュドポテトを、目を閉じて食べてみる。すると、そよ風のようなしっとりとした柔らかさと甘露のような甘みが口いっぱいに広がる。

◆ ジャガイモの準備をします。ジャガイモを洗い、水でこすった後、ココット鍋に入れます。水2000mlを注いで粗塩を加え、沸騰させます。ジャガイモを芯が柔らかくなるまで20分茹でます。

◆ その間にハッシュドポテトの具材の準備をします。玉ねぎの皮をむき、みじん切りにします。チャイブを小口切りにします。フライパンを中火で熱し、ひまわり油少量とバターを加えます。バターが溶けたら、玉ねぎを加え、4分間ほど炒めます。その後、ひき肉を加え、塩とコショウを軽くふります。へらで丁寧に肉をほぐしながらよく混ぜます。さらに3～5分間、肉にしっかりと火が通るまで炒めます。火からおろし、冷ましておきます。

◆ ジャガイモが茹であがったら、ざるにあけて水を切り、ペティナイフで皮をむきます。作業中やけどをしないようにジャガイモをしばらく冷水に浸けておいてもいいでしょう。ジャガイモをポテトマッシャーかフォークで潰して粗いピューレ状にします。炒めたひき肉と玉ねぎ、そしてチャイブを加えます。片栗粉を加えてよく混ぜます。手に軽く粉をつけ円盤形に整えて、皿に並べます。ラップでしっかり包み、冷蔵庫で1時間寝かせます。

◆ 衣の準備をします。ボウルを3つ用意します。ひとつ目のボウルは塩を軽くふり、中で卵を溶きほぐします。ふたつ目のボウルには片栗粉または小麦粉をふり、3つ目のボウルにはパン粉を入れます。また、松の実を細かく刻み、パン粉と混ぜます。

◆ 底厚で深めのキャセロール鍋に揚げ油を入れ、160℃に熱します(キッチン温度計で温度を確認します)。作業を行う場所にキッチンペーパーを敷いておきます。

◆ 冷やしていたハッシュドポテトに粉(片栗粉または小麦粉)を付け(ふたつ目のボウル)、溶き卵に浸した後(ひとつ目のボウル)、パン粉に浸します(3つ目のボウル)。もう一度卵に浸し(ひとつ目のボウル)、最後にまたパン粉をまぶし(3つ目のボウル)、しっかりとした厚い衣を作ります。衣がしっかりとハッシュドポテトを包み込むようにするのがポイントです。

◆ 油が160℃に達したら、ハッシュドポテトを油に入れ、きつね色になるまで2分揚げます。穴杓子や油切り網でハッシュドポテトを取り出し、すぐにキッチンペーパーの上に置きます。別のキッチンペーパーで軽く押さえ、余分な油をできるだけ取り除きます。

◆ ハッシュドポテトが熱いうちにコケモモジャムを添えて食べます。

松茸のバター焼き

松茸のスライスを焼いたもの。滑らかな口当たりと口の中に溢れる香り。まるで春の息吹がお腹の中に流れ込んできたかのようだ。

松茸のバター焼き

キノコのハーブバターソテー

レベル：1

4人分 ・ 準備時間：15分 ・ 調理時間：5分

材料

ハーブバター：
無塩バター 100g
パセリ¼束
ニンニク1片

エリンギ8本
小麦粉
サラダ用野菜
フルール・ド・セル

◆ まず、ハーブバターの準備をします。バターをボウルに入れます。パセリを洗い、刻みます。ニンニクの皮をむき、芽を取り、細かく刻みます。パセリとニンニクをバターに加えます。しっかりと合わさり、ポマード状の質感になるまで、ゴムべらで約2分間混ぜます。このテクニックは、別のハーブや調味料でも応用することもできます。完成したハーブバターの3分の1は盛り付け用に取っておきます。

◆ 次に、エリンギの下準備をします。湿らせたキッチンペーパーでエリンギの汚れをとり、きれいにします。ペティナイフでそれぞれの根本を切り落としたら、よく切れるシェフナイフで、2mmの厚さにスライスします。皿に小麦粉を敷き、エリンギのスライスを並べ、上からもまんべんなく小麦粉をまぶします。エリンギは形が崩れないように丁寧に扱いましょう。余分な小麦粉を取り除き、置いておきます。

◆ フライパンにハーブバターを入れて中火で溶かし、十分熱くなったら、エリンギをひたひたに浸るように入れて両面を2分ずつ焼きます。

◆ 焼き上がったら、エリンギを丁寧に取り出し、キッチンペーパーの上に置きます。あとは盛り付けです。

◆ バターをたっぷり含んだ熱々のエリンギのスライスを、冷たいサラダの上に盛り付けます。フルール・ド・セルをふりかけ、残りのハーブバターとパセリ少々を加えると完成です。

注：このレシピでは本物の松茸を使用していません。松茸はフランスでは特に入手が難しく、非常に高価なためです。松茸は日本のトリュフと言われています。

冷製肉盛り合わせ

グリルソーセージとスモークベーコンのビーフデミグラスソース仕立て

レベル：1

4人分 ・ 準備時間：15分 ・ 調理時間：35分

材料

モルトーソーセージ1本
ガーリックソーセージ（小）1本
フランクフルトソーセージ4本
ベーコン16枚

ビーフデミグラスソース500ml ※料理のコツ（P.179）を参照

バジル少々
ミニトマト12個

◆ まず、調理に時間のかかるソーセージの準備をします。キャセロール鍋ふたつに水を入れ、軽く沸騰させます。ひとつ目の鍋にモルトーソーセージを、ふたつ目の鍋にガーリックソーセージを入れ、それぞれ35分茹でます。

◆ 次に、別の小さなキャセロール鍋でビーフデミグラスソースを弱火で温めます。

◆ フランクフルトソーセージとベーコンの準備をします。グリルパンまたはバーベキューグリルを中火で熱し、フランクフルトソーセージとベーコンを置き、途中ひっくり返しながら10分焼きます。焼けたら置いておき、盛り付けの準備をします。

◆ フランクフルトソーセージを切り、ベーコンを折りたたみます。ガーリックソーセージとモルトーソーセージをきれいな輪切りにします。各皿にデミグラスソースを注ぎ、新芽を少し添え、均等に肉を盛り付け、半分に切ったミニトマトを添えると完成です。

冷製肉盛り合わせ

お肉たっぷりの盛り合わせ。絶妙に加減された調味料によって、食材の香りが引き立てられている。三種類の肉のマリアージュが口の中で最高の美味しさを生み出す。食べている間はどんな悩みも忘れてしまう。

スパイシーポトフ

仔牛と星形ニンジンのピリ辛ブランケット

レベル:1

4人分
準備時間:15分
調理時間:ココット鍋で2時間 / 圧力鍋で1時間

材　料

仔牛肉の角切り肉750g
ニンジン4本
玉ねぎ2個
セロリの茎1本
ブーケガルニ1束
白ワイン(辛口)250ml
クローブ1本
粒コショウ4粒
水2000ml
粗塩15g
トマトピューレ150ml
唐辛子ペーストまたはコチュジャン大さじ1

ソース:
生クリーム(乳脂肪分30%程度のもの)250ml
エスプレット唐辛子小さじ1
塩

バター 30g
小麦粉30g

◆ まず、仔牛肉の準備をします。ココット鍋を水で満たし、仔牛肉を入れます。沸騰させた後、アクを取りながら2分間茹でます。仔牛肉をざるにあけて水を切り、水ですすぎ、軽く塩をふり、置いておきます。

◆ 次に、野菜の準備をします。ニンジンの皮をむき、水に浸します。その後、ニンジンを幅3cmの輪切りにし、星型の抜型を使って星形に切り抜きます。玉ねぎは皮をむいて薄く切り、セロリは茎を小口切りにします。

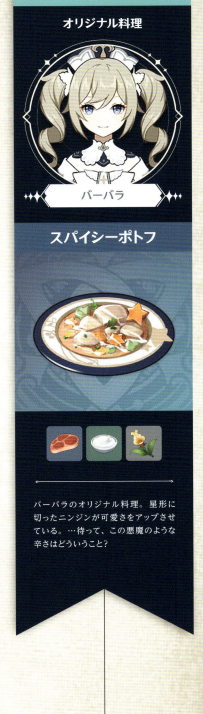

オリジナル料理

バーバラ

スパイシーポトフ

バーバラのオリジナル料理。星形に切ったニンジンが可愛さをアップさせている。…待って、この悪魔のような辛さはどういうこと?

◆ ココット鍋を使う場合:
鍋に野菜、肉、ブーケガルニ、白ワイン、クローブ、粒コショウを入れます。材料がすべて浸かるまで水を注ぎ、粗塩を加えます。軽く沸騰させ、蓋をして2時間弱火で煮込みます。

◆ 圧力鍋を使う場合:
鍋に野菜、肉、ブーケガルニ、白ワイン、クローブ、粒コショウを入れます。材料がすべて浸かるまで水を注ぎ、粗塩を加えます。蓋を閉め、おもりをセットします。強火にかけて蒸気が出始めたら、中火にし、1時間煮込みます。

◆ 煮込み終わったら、鍋から野菜と肉を取り出し、置いておきます。煮汁は弱火にかけ、トマトピューレと唐辛子ペーストを加えて混ぜます。

◆ ソースの準備をします。ボウルに生クリーム、エスプレット唐辛子、塩ひとつまみを入れ、泡立てます。しっかりとしたホイップクリームができたら、冷蔵庫で冷やしておきます。

◆ ルーの準備をします。キャセロール鍋にバターを入れ、中火で溶かします。小麦粉と塩ひとつまみを加えて、混ぜあわせ、2分炒めます。次に、トマトピューレと唐辛子ペーストの入った煮汁をおたま2杯分加えます。よく混ぜながら、好みのとろみが出るまで煮汁を少しずつ加えながら調整します。そして、ホイップクリームを加え、ソースをふんわりとした食感にします。野菜(星形のニンジン以外)と肉を加えます。

◆ 深めの皿にシチューを注ぎ、肉と野菜をバランスよく盛り付け、ソースをかけます。仕上に星形のニンジンを飾って完成です。

荒波パイ

昔ながらのミートパイ

レベル：2

4人分
準備時間：15分
調理時間：2時間40分
寝かせる時間：1時間15分

材料

パートブリゼ400gまたは市販のパートブリゼ2枚　※料理のコツ（P.176）を参照
卵1個
セモリナ粉または小麦粉（打ち粉用）

肉の詰め物：

牛ほほ肉400g	塩
豚肉または仔牛肉の角切り肉250g	砂糖
ニンジン1本	バター 20g
玉ねぎ2個	小麦粉大さじ1
エシャロット4個	ブイヨン（肉または野菜）750ml
ニンニク1片	※料理のコツ（P.179～181）を参照
ザワークラウト150g	黒ビール500ml
植物油大さじ1	ブーケガルニ1束

◆ まず、パイの詰め物となるシチューの準備をします。牛肉と豚肉（または仔牛肉）を角切りにします。ニンジンと玉ねぎは皮をむき、賽の目切りにします。エシャロットは皮をむいて半分に切り、ニンニクは皮をむいて潰します。ザワークラウトを刻みます。

◆ オーブンを200℃に予熱しておきます。ココット鍋に植物油を注ぎ、中火にかけます。そこに玉ねぎ、エシャロット、ニンジンを入れ、軽く塩をふり、砂糖を少々加えて2分炒めます。次に肉を加えてもう一度軽く塩をふり、肉全体に焼き色がつくまで2分炒めた後、バターとニンニクを加えます。さらに1分炒め、小麦粉をまぶします。よく混ぜた後、ブイヨンとビールを注ぎます。調味料で味を調え、ブーケガルニを加えます。蓋をしてオーブンに入れて2時間煮込みます。

オリジナル料理

エウルア

荒波パイ

エウルアのオリジナル料理。月のような形は伝統への反抗、もしくは彼女の「目には目を」の精神の表れなのかもしれない。黄金色の皮の中には、塩味と香り高いスモークの風味が漂う。こんなに美味しいものを作れる人は、彼女以外にいないだろう…しかし、このような褒め言葉は彼女に聞かれないほうがいい。「恨み」を覚えられてしまうから。

31

◆ 圧力鍋でシチューを作る場合も同じ手順で行います。この場合、圧力鍋の蓋をしっかりと閉め、おもりをセットし、強火にします。蒸気が出始めたら中火にし、1時間10分煮込みます。

◆ オーブンの場合、煮込み終わったら、ココット鍋を取り出します（圧力鍋の場合は蒸気を抜きます）。よく混ぜて、調味料で味を調えてから、ザワークラウトを加え、混ぜあわせます。シチューをすべてベーキングトレイまたはグラタン皿に注ぎ、30分常温で冷ました後、さらに30分、冷蔵庫で冷やします。

◆ 三日月型のパートブリゼの準備をします。オーブンを180℃に予熱しておきます。

◆ 作業台に打ち粉をふり、パートブリゼを置きます。麺棒で1cmの厚さに伸ばします。丸い抜型で丸く切り抜き、余った生地は飾り用に取っておきます。生地を冷蔵庫入れて15分間冷やして固めます。

◆ 冷蔵庫からパートブリゼを取り出し、ベーキングペーパーを敷いたオーブンの天板の上に置きます。端から1cm残して、生地の半分に冷めたラグーを三日月形に広げます。残した端1cmの部分にハケで水を塗り、生地を半分に折りたたんで密閉します。生地が温まらないよう、素早く作業をしましょう。残った生地は編み込みを作ったり、小さな飾りを切り抜いてパイの上に貼り付けます。ナイフの先でも飾り模様をつけます。

◆ ボウルに卵を割り入れてよく溶き、刷毛でパイ全体に塗ります。パイの中央に、蒸気を逃がすための穴をあけ、調理中に生地が湿らないようにします。40分オーブンで焼けばパイの完成です。

眠気覚ましピザ

チーズたっぷりマッシュルームのピザ

レベル：2

4人分
準備時間：15分
寝かせる時間：1〜12時間
調理時間：ピザ窯で1分30秒 ／ 家庭用オーブンで15分

材料

ピザの生地：
生イースト3gまたはパン用ドライイースト1袋
小麦粉（薄力粉T45または強力粉00）150g
水85ml
オリーブオイル4g
塩4g
セモリナ粉または小麦粉（打ち粉用）

ペースト：
ニンニク½片
粗塩ひとつまみ
松の実25g
バジル½束
パルメザンチーズパウダー 25g
オリーブオイル50ml

トッピング：
マッシュルーム（大）4個
ラクレットチーズまたはモッツァレラチーズ 150g
トマトピューレ100ml
唐辛子フレークひとつまみ

◆ 1時間前または前日にピザ生地の準備を始めます。パン用ドライイーストを使用する場合は、ドライイーストを小鉢に入れたら、空になった袋にぬるま湯を注ぎ、袋に残ったドライイーストを溶かしてから小鉢に注ぎます。よく混ぜてから、5分間イーストを活性化させます。

◆ 次に、活性化したイーストも含めて、生地用の材料をすべてスタンドミキサーのボウルまたはボウルに入れます。ミキサーを使用する場合、最初に低速で2分間こねて生地をまとめ、その後、少し速度を上げてさらに4〜5分間こねます。

◆ 手でこねる場合、ボウルの中で生地を一度まとめてから作業台に打ち粉をし、しっかりとこねて滑らかな生地に仕上げます。

オリジナル料理

ジン

眠気覚ましピザ

ジンのオリジナル料理。工芸品のように整えられたピザ。一切れ食べるだけで元気がみなぎる。彼女が何時間も仕事を続けられる秘密は、これだろうか？

◆ 生地が滑らかできれいにまとまったら、ボウルにオリーブオイルを塗ってその中に入れます。次に布で覆い、暖かい場所で発酵させます(暖房器具の近くなど室温が高い場所)。前日に準備する場合はボウルにラップをして冷蔵庫に入れておきます。こうすると、ゆっくりですが確実に発酵します。

◆ 一般的なオーブンを使用する場合はピザストーンを敷き220℃に予熱しておきます。ピザ窯を使用する場合は400℃に予熱します。

◆ 次に、ペーストの準備をします。ニンニクの皮をむき、芯を取り、細かく刻みます。これをハーブチョッパーのボウルまたは乳鉢に入れます。粗塩を加えます。松の実を砕いて、バジルの葉を粗く刻み、ニンニクに加えます。そしてチョッパーにかけるか、乳鉢でつぶして、濃厚でねっとりしたペーストを作ります。そこにパルメザンチーズとオリーブオイルを加え、さらに混ぜるとペーストの完成です。置いておきます。

◆ マッシュルームを薄切りにし、チーズを小さく切ったら、トッピングの準備は終わりです。

◆ 作業台に軽く小麦粉またはセモリナ粉をふり、その上にピザ生地を広げます。トマトピューレを生地の上で伸ばし、マッシュルームをのせます(6枚だけ別にとっておきます)。チーズを全体に均等に散らして覆います。ピザ窯で1分30秒、または一般のオーブンで15分焼きます。

◆ 盛り付けをします。とっておいたマッシュルームをピザの上にきれいに並べ、ペーストをかけ、唐辛子フレークをふりかけて、熱いうちに頂きます。

五九三式栄養食

ブロッコリーとカリフラワーのグラタン
ほうれん草のベシャメルソース仕立て　チーズのチュイル添え

レベル：1

4人分
準備時間：20分
調理時間：30分

材料

カリフラワー 1玉
ブロッコリー 1玉
玉ねぎ(大) 1個
ジャガイモ(マッシュポテト用・大型アグリア種、ビンチェ種など)
ハムまたはチキンハム250g
バター 30g
植物油大さじ1
野菜ブイヨン100ml
塩、コショウ

ほうれん草のベシャメルソース：
生ほうれん草またはベビーほうれん草500g
生クリーム250ml
野菜のブイヨン300ml
バター 40gまたは植物油40ml
小麦粉40g
パルメザンチーズパウダー 60g
塩5g
コショウ2g

パルメザンチーズのチュイル：
パルメザンチーズパウダー 150g

◆ まず、野菜の準備をします。カリフラワーとブロッコリーの下ごしらえをします。ブロッコリーの芯は捨てず、賽の目切りにします。つぼみを切り分け、カリフラワーと一緒に蒸し器の蒸しカゴに入れ、10分蒸します。

◆ その間に、玉ねぎの皮をむき、みじん切りにします。ジャガイモの皮をむき、賽の目切りにします。ハムは50gを盛り付け用に小さな賽の目切りにし、残りは2cmの角切りにします。

オリジナル料理

スクロース

五九三式栄養食

スクロースのオリジナル料理。一見変わった錬金物に見えるが、スクロース本人は「これは何度も実験を繰り返した上でできた栄養食品」と主張している。「健康」的な緑色は、クリームに無農薬の野菜ジュースを加えているから…えっ、野菜ジュース?

◆ ソテーパンを中火で温め、バターと油を入れます。バターが溶けたら、みじん切りにした玉ねぎ、賽の目切りにしたジャガイモ、ブロッコリーのつぼみ、小さな賽の目切りにしたハムを入れ、かき混ぜながら、焼き色がつくまで2分炒めます。その後、ブイヨンをひたひたに加え、5分間煮ます。賽の目切りにしたハムとブロッコリーの芯を盛り付け用として取り出します。カリフラワーとブロッコリーが蒸し上がったら、他の具材と一緒にソテーパンに加え、塩コショウを軽くふり、よく混ぜます。蓋をして弱火で保温しておきます。

◆ 次に、ほうれん草のベシャメルソースを作ります。まず、ほうれん草を洗います。鍋いっぱいの塩水を沸騰させます。別に大きめのボウルに氷水をはっておきます。沸騰したお湯にほうれん草を15秒湯がいた後、氷水で10秒間冷やし、ざるにあけて水を切ります。これをブレンダーに入れ、生クリームとブイヨンを加え、30秒間高速で撹拌します。塩とコショウで味を整えます。

◆ キャセロール鍋にバターまたは中性植物油を入れ、中火にかけます。小麦粉を加え、10秒間泡立て器で混ぜて火を通したら、おたま一杯分のほうれん草のソースのもとを加えます。弱火にして、全体が滑らかになるまでしっかり混ぜ、ベシャメルソースを作ります。

◆ オーブンを200℃に予熱します。グラタン皿4枚に煮込んだ野菜と角切りのハムを分け入れます（あるいは大きなグラタン皿1枚にまとめて入れます）。ほうれん草のベシャメルソースを覆うように注ぎ、パルメザンチーズをふりかけ、10～15分間オーブンで焼きます。

◆ その間にパルメザンチーズのチュイルの準備をします。クレープパンを中火で熱し、ひし形になるようパルメザンチーズをふりかけ、小さな塊を4つ作ります。チーズが溶けて広がり、端がそれぞれ黄金色になるまで2分焼きます。へらを使ってチュイルを取り出し、キッチンペーパーの上にそっと置きます。

◆ 盛り付けをします。焼きあがったグラタンをオーブンから取り出し、パルメザンチーズのチュイルを上に飾ります。取っておいたブロッコリーと賽の目切りのハムを飾り、熱々のまま頂きます。

ヴァーディクトディナー

ローストチキンとパールオニオンのハニーバター仕立て グリーンピース添え

レベル：1

4人分
準備時間：30分
調理時間：50分

材 料

鶏肉（内臓を取り除き、縛ったもの、1.2kg）1羽
ミニジャガイモ（グルナイユ種）または小型のシャルロット種ジャガイモ8個
パールオニオン（小たまねぎ）200g
グリーンピース250g
ニンニク4片
粗塩30g

ハニーバター：
ローズマリーの枝3本
バター 200g
フルール・ド・セル4g
蜂蜜大さじ2

グレープシードオイル80ml
塩10g

ソース：
白ワインまたはミード200ml
バター（冷やしたもの）40g

エディブルフラワー（お好みで）

◆ まず、野菜の準備をします。ジャガイモを洗い、パールオニオンの皮をむき、グリーンピースを洗います。ニンニクを手のひらで潰します。ジャガイモとグリーンピースをそれぞれ別々のキャセロール鍋で塩茹でします。ジャガイモは、2000mlの水に粗塩20gを加えた大きめのキャセロール鍋に入れ、沸騰させて15分間茹でます。

◆ その間、大きめのボウルに氷水をはった後、グリーンピースを水1000mlと粗塩10gの入った別のキャセロール鍋に入れ、沸騰させ、3分間茹でます。茹であがったら取り出し、氷水に30秒浸けます。取り出したらざるにあけて水を切り、置いておきます。ジャガイモも茹であがったらざるにあけて水を切り、置いておきます。次に、鶏肉に詰めるハニーバターとローズマリーの準備をします。

オリジナル料理

ロサリア

ヴァーディクトディナー

ロサリアのオリジナル料理。「暗黒」のトゲが付いているため、最初はどこから食べたらいいのかわからない。周りの飾りをやっとのことで外し、口にすると驚きの美味しさがやわらかい鳥肉から炸裂する。食す者の表情をロサリアは決して見逃さない。相手のリアクションを見た彼女はご満悦のようだ。

◆ ハサミでローズマリーの枝1本を小さく刻み、取っておきます。ボウルにバターを入れ、フルール・ド・セルを加えます。ゴムべらか木べらで、バターを練りながら混ぜ、ポマード状にします。そこに刻んだローズマリーと花の蜂蜜を加え、さらに混ぜあわせます。できたハニーバターを小さい丸口金のついた絞り袋に入れます。これで準備が整いました。次に鶏の皮の下にハニーバターを注入します。

◆ 指先またはスープスプーンを鶏の身と皮の間に入れ、皮をそっと剥がします。そこに絞り袋を使ってハニーバターを注入します。マッサージするように鶏を撫でながらバターを全体に行き渡らせます。

◆ オーブンを180℃に予熱しておきます。

◆ オーブン用の容器にグレープシードオイルを注ぎ、中火で温めます。油が温まったら、鶏肉を置き、皮を破らないように気を付けながら、全体がきつね色になるまで焼きます。ここに、潰したニンニク、残りのローズマリー、パールオニオン、ローズマリー入りのハニーバターの残りを入れ、全体を1分ほど焼きます。容器に溶け出た油分をスプーンですくって鶏肉にかけ、バター、ローズマリー、ニンニクの風味を肉と皮になじませます。

◆ 肉の仕上げに進みます。まず、鶏の内側に軽く塩をふり、ジャガイモを詰めます。鶏をオーブンに入れて、途中で時々溶けたバターをかけながら30分間焼きます。

◆ 焼きあがったら、オーブンから容器を出し、鶏肉を取り出します。容器に残っている煮汁をボウルに移します。容器を中火にかけ、温まったら、ミードまたは白ワインをでデグラッセし、木べらでこびりついた旨味をこそげ取ります。ソースはこの旨味がもととなります。よく混ぜあわせ、冷たいバターを加えます。さらにパールオニオン、グリーンピース、香ばしく焼きあげたニンニクを加えて、全体を混ぜあわせます。

◆ 鶏肉を大皿に盛り付け、周りに野菜とソースを添えて完成です。エディブルフラワーで飾ってもよいでしょう。

「モンドの過去」

ラクレット風重ね焼きチーズグリル

レベル：1

4人分 ・ 準備時間：15分 ・ 調理時間：25分

材料

ミニジャガイモ（グルナイユ種）800g
グレープシードオイル大さじ2
フルール・ド・セル2つまみ
パン・ド・カンパーニュまたはブリオッシュのスライス12枚
自家製パセリバター 200g ※料理のコツ（P.176）を参照
シュヴァルツヴェルダー・シンケン（黒い森のハム）24枚
アボンダンスチーズ12枚
ミニトマト数個
ハーブ数枚

◆ オーブンを190℃に予熱しておきます。ジャガイモの準備をします。ジャガイモ洗って乾かし、ボウルに入れてグレープシードオイルを注ぎます。フルール・ド・セルをふり、よくなじませます。オーブンの天板にクッキングシートを敷き、その上にジャガイモを並べて20分間オーブンで焼きます。

◆ その間に、サンドイッチ用のスライスパンの準備をします。パン・ド・カンパーニュ（またはブリオッシュ）のスライスの両側にパセリバターを塗り、フライパンで焼き色を付けます。焼けたら、お皿に取っておきます。

◆ ジャガイモをオーブンから取り出します。ローストされ、芯まで柔らかくなったジャガイモをスライスします。次にサンドイッチを作ります。まず、トーストを1枚とり、スライスしたジャガイモを数枚のせます。その上に折りたたんだシュヴァルツヴェルダー・シンケン（黒い森のハム）のスライスを2枚、さらにその上にアボンダンスチーズを1枚のせます。出来上がったサンドイッチをベーキングペーパーを敷いたベーキングトレイに置きます。同じ作業を繰り返し、全部で12枚のトーストをを作ります。オーブンのグリルモードで2分間焼きます。

◆ チーズが軽く溶けたところでトレイをオーブンから取り出します。パンのスライスを3枚ずつ重ねて、サンドイッチにします。それぞれのサンドイッチをミニトマトとフレッシュハーブで飾って仕上げます。熱々で頂きます。

オリジナル料理

ディルック

「モンドの過去」

ディルックのオリジナル料理。まずは目で綺麗な盛り付けを楽しむ。柔らかいステーキが口の中で融けていく。えっ…「旦那様」にこんな得意料理があったなんて知らなかった。

オリジナル料理

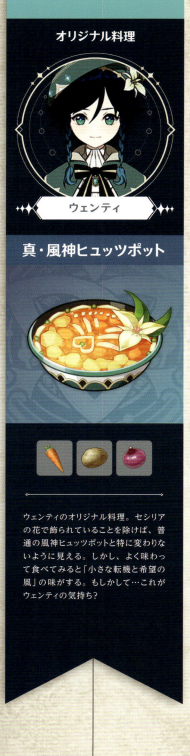

ウェンティ

真・風神ヒュッツポット

ウェンティのオリジナル料理。セシリアの花で飾られていることを除けば、普通の風神ヒュッツポットと特に変わりないように見える。しかし、よく味わって食べてみると「小さな転機と希望の風」の味がする。もしかして…これがウェンティの気持ち？

真・風神ヒュッツポット

ジャガイモと玉ねぎのシチュー

レベル：1

4人分 ・ 準備時間：30分 ・ 調理時間：1時間30分

材料

ジャガイモ（マッシュポテト用）6個	オリーブオイル	スパイス入りルー：
ニンジン6本	砂糖	バター 20g
玉ねぎ3個	塩 10g	小麦粉20g
紫玉ねぎ2個	野菜のブイヨン1000ml	塩5g
ズッキーニ1本	※料理のコツ（P.181）を参照	カレー粉8g
ニンニク2片	ブーケガルニ1束	ガラムマサラ4g
ひよこ豆（水煮）150g	トマトピューレ200ml	
グリーンピース100g		エディブルフラワー（お好みで）

◆ オーブンを180℃に予熱しておきます。まず、野菜の準備をします。ジャガイモ、ニンジン、玉ねぎ（白、紫）の皮をむきます。ジャガイモ3個、ニンジン3本、ズッキーニを賽の目切りにします。残りのジャガイモは大きく角切りにし、ニンジンは輪切りにします。玉ねぎはみじん切りにし、紫玉ねぎは厚さ5mmの輪切りにします。ニンニクは皮をむき、芯を取り、潰します。ひよこ豆は水を切り、グリーンピースは水で洗っておきます。ボウルに輪切りにした紫玉ねぎを入れ、オリーブオイルを少し注ぎ、混ぜてよくからめます。これをクッキングシートを敷いたオーブンの天板に並べ、砂糖を軽くまぶして、オーブンで15分焼きます。

◆ ココット鍋にオリーブオイルを少し入れ、中火にかけます。グリーンピース以外の野菜をすべて鍋に入れ、塩をふって混ぜながら野菜を2分炒めます。ブイヨン800mlをひたひたに注ぎ、ブーケガルニを加え、よく混ぜます。トマトピューレを加えて、塩で味を調えたら、蓋をして弱火で1時間煮込みます。その間に、大きめのボウルを準備して氷水をはっておきます。別のキャセロール鍋に塩水を入れて沸騰させ、この鍋でグリーンピースを1分間茹でたら取り出し、すぐに氷水に10〜15秒間浸します。その後、ざるにあけて水を切り、盛り付け用に取っておきます。

◆ シチューのつなぎとなるスパイス入りルーの準備をします。キャセロール鍋にバターを入れ、中火で溶かします。バターが溶けたら小麦粉を加え、よく混ぜます。塩とカレー粉とガラムマサラを加えます。残りの野菜ブイヨンを注ぎ、鍋を火にかけたり外したりしながら、泡立て器でかき混ぜてとろみを調整します。とろみのついたルーが完成したら、野菜の入ったココット鍋加え、よくかき混ぜます。ごく弱火で30分さらに煮込みます。

◆ 煮込み終わったら、野菜シチューにエディブルフラワーを添え、輪切りにした紫玉ねぎとグリーンピースをバランスよく飾ります。熱いうちに食べます。

極みの一釣り

海鮮煮込み

レベル：1

4人分 ・ 準備時間：**20**分 ・ 調理時間：**15**分

材料

ハマグリ500g
玉ねぎ2個
ニンニク2片
パセリ½束
オリーブオイル大さじ2
魚のブイヨン750ml　※料理のコツ（P.180）を参照
オマール海老のビスク250ml
ヨーロッパイチョウガニの身と爪（処理済みのもの）
塩、コショウ
魚のブイヨンで茹でたイカ足（大）2本

◆ まず、ハマグリを塩水の入った容器に10分間浸けて、砂や不純物を吐き出させます。一度ざるにあけて水を切り、冷水ですすぎます。口が開いている貝は傷んでいる可能性があるので捨ててください。ハマグリはひとつひとつ水で洗い、置いておきます。玉ねぎは皮をむいて薄切りにし、ニンニクは皮をむいて芯を取り、みじん切りにします。パセリも軽く刻みます。

◆ ココット鍋にオリーブオイル大さじ2を入れて中火で熱します。油が温まったら、玉ねぎ、パセリ、ニンニク、ハマグリを加え、魚のブイヨン100mlを注いで蓋をします。8分蒸し煮にし、火が通ったらハマグリの口が開くので穴杓子で取り出します。加熱して口が開かない貝も有毒の可能性があるので捨ててください。

◆ ココット鍋にオマール海老のビスクと残りの魚のブイヨンを加えます。ヨーロッパイチョウガニの身を入れてよく混ぜ、塩コショウで味を調えます。最後に、イカ足、茹でたハマグリ、カニの爪をブイヨンに浸し、食欲をそそるようきれいに盛り付けをして完成です。

極みの一釣り

タルタリヤのオリジナル料理。それはまるで血の海を漂う野獣が、野垂れ死ぬ前に発した音のない咆哮のよう…なお、タルタリヤは笑いながら、海釣りの戦利品が勝手に故郷の特産品を持ってきただけだと言っている。

ふわふわパンケーキ

とろけるパンケーキ
バニラ風味のホイップクリームとチョコレートソースがけ

レベル:1

4人分
準備時間:20分
調理時間:10分 ＋ 30分（オーブン）

材料

チョコレートソース：
ダークチョコレート100g
生クリーム250ml

パンケーキ：
牛乳350ml
バター 75g
卵3個
砂糖120g
バニラシュガー 11g
小麦粉300g
ベーキングパウダー 20g
塩4つまみ
バターまたは植物油

バニラ風味のホイップクリーム：
生クリーム（乳脂肪分30％程度のもの）500ml
粉砂糖30g
バニラシュガー 10g

ラズベリーまたはイチゴ4個
ミントの葉数枚

◆ ホイップクリームは冷たい場所のほうが泡立ちやすいので、まず、ボウルと泡立て器を冷蔵庫に入れておきます

◆ チョコレートソースの準備をします。チョコレートを細かく刻み、ボウルに入れ、湯煎にかけて少し沸騰する程度の熱でチョコレートを溶かします。チョコレートが溶けたら、混ぜながら生クリームを少しずつ加えます。出来上がったチョコレートソースはドレッシングボトルに入れてお湯に浸すか、ボウルに入れたまま温めておきます。

◆ 次にパンケーキの生地を準備します。キャセロール鍋に牛乳を入れ、バターを加え、中火にかけてバターを完全に溶かしておきます。

オリジナル料理

ノエル

ふわふわパンケーキ

ノエルのオリジナル料理。この分厚いパンケーキは騎士団のアフタヌーンティーのお供、雲の中にいるような幸せな気分になれる一品。隣にいるノエルの笑顔を見ると、その甘さがまた少し増したような気がする！

◆ 卵を卵黄と卵白に分け、それぞれを別々のボウルに入れます。卵黄に砂糖を加え、十分白くなり、ボリュームが出るまでよく泡立てます。

◆ 別のボウルに小麦粉、ベーキングパウダー、塩を入れて混ぜあわせ、それを、砂糖を加えた卵黄のボウルに加えます。ある程度生地状になるまで混ぜたら、ぬるい牛乳を少しずつ加えながら混ぜます。こうすることで、ダマのない滑らかなパンケーキ生地ができます。次に卵白を泡立て、これをパンケーキ生地に加え、生地をふんわりさせます。これでパンケーキ生地の準備は完了です。小さめのフライパンにバターまたは少量の植物油を入れ、中火にかけます。鍋が温まったら、生地をおたま1杯分流し入れ、均等に広げます。しばらくそのまま熱し、表面に小さな気泡が現れたらパンケーキを裏返して、裏面も焼きます。生地がなくなるまでこの作業を繰り返し、焼きあがったパンケーキは乾燥しないよう、ボウルをかぶせます。

◆ ホイップクリームを作ります。冷やしておいたボウルを冷蔵庫から出し、しっかり冷やした生クリーム、粉砂糖、バニラシュガーを加え、クリームがしっかりと、ふんわり泡立つまで数分間、よく泡立てます。できたクリームはしばらく置いておきます。

◆ 4枚の皿を準備します。それぞれの皿にパンケーキを1枚ずつ乗せ、L字型のパレットかスープスプーンを使って、パンケーキにホイップクリームをしっかりと塗り拡げます。ホイップクリームを塗り終えたパンケーキを重ねていき、一番上のパンケーキには、絞り袋やドレッシングボトルを使ってチョコレートソースで格子模様を描き、まん中に生クリームを丸くトッピングします。最後にラズベリー（またはイチゴ）とミントの葉を飾ります。

ミントゼリー

ひんやり爽やかなデザート。程よい弾力があり、スプーンで触れると可愛らしく揺れる。一口食べれば、爽やかな味がすべてのネガティブな感情を吹き飛ばし、気分をリフレッシュさせてくれる。

ミントゼリー

フレッシュミントゼリー

レベル：1

4人分 · **準備時間:10分** · **調理時間:30分** · **寝かせる時間:6時間**

材料

ゼリー：
水1200ml
フレッシュミント1束
ジャム用の砂糖500g
レモン果汁1個分
ゼラチンパウダー 20g
食用色素（青）4滴

飾り用のフレッシュミントの葉8枚

◆ キャセロール鍋に水を入れて沸騰させ、そこにミントを入れて20分煮出します。煮出した湯を一度こし、キャセロール鍋に戻します。再び沸騰させ、砂糖とレモン果汁を入れます。砂糖が完全に溶けるまでよく混ぜたらゼラチンパウダーを加え、しっかりと混ぜあわせます。その後、着色料を加えます。

◆ できたゼリー液を4つのボウルに注ぎ、室温で30分置いた後、冷蔵庫で少なくとも5時間30分冷やします。

◆ ボウルからゼリーを小皿に取り出し、フレッシュミントの葉を飾ると出来上がりです。

ミントベリージュース

パイナップルとミントのモクテル

レベル：1

1人分・準備時間：**5分**

材料

パイナップルジュースまたはグレープフルーツジュース150ml
トニックウォーター 250ml
フロステッドミントシロップ20 〜 40ml
食用色素（青）（お好みで）1滴
フレッシュミントの葉数枚

◆ 大きめのカクテルグラスにパイナップルジュース（またはグレープフルーツジュース）を注ぎ、トニックウォーターを加えます。ミキシングスプーンで2秒混ぜたら、フロステッドミントシロップを加えます。色が好みでない場合は食用色素を加えます。

◆ グラスにミントの葉を数枚入れ、よく冷やしてから氷を入れて頂きます。

ミントベリージュース

最近流行っているノンアルコールドリンク。爽やかなミントドリンクにラズベリーが入っており、優雅な香りがほのかにする。

璃月

テイワット大陸の東部に位置する豊かな港町。

そびえ立つ山と石林、広大な平原と生命力に満ちた河原が
璃月の富んだ地形を形成し、
四季折々の気候の下で多彩な姿を見せつける。
その山や石に囲まれた奇景の中に、
岩の魔神がどれだけの数の古い贈り物を隠し、
それらが人々に発掘されるのを待っているのだろうか?

璃月での食事

豊かな文化、魅力的な歴史、そして美味しい料理で知られる璃月へようこそ。璃月を訪れた際には、ぜひレストラン「万民堂」に立ち寄ってみてください。旅人はここで、シェフの卯師匠が手掛ける、地域の伝統と風味を生かした繊細な料理を体験することができます。

軒先店

緋雲の丘

万民堂

璃月港

新月軒

璃月港

琉璃亭

美露エビ

緑茶と花粉風味のエビのソテー

レベル：1

4人分 ・ 準備時間：15分 ・ 寝かせる時間：10分 ・ 調理時間：10分

材料

生エビ800g	青ねぎ2本
卵白1個分	生姜2cm
コーンスターチ大さじ1	グレープシードオイル大さじ2
塩ひとつまみ	紹興酒大さじ2
水150ml	乾燥食用花びら大さじ1
龍井緑茶（ロンジン茶・中国緑茶）の茶葉大さじ1	

◆ まず、エビの下ごしらえをします。殻をむいてエビの背にある黒い腸を取り除き、背ワタの処理をします。ペティナイフで背に切り込みを入れて取り除くか、頭を外す際に引き抜きます。次に、ボウルに卵白、コーンスターチ、水大さじ2を入れてよく混ぜ、ここにエビを入れます。軽く塩をふって混ぜたら、指先でエビに下味をもみ込み、10分置いておきます。

◆ その間に、水150mlを80℃に温めます（キッチン温度計で温度を確認します）。緑茶の茶葉を加えて5分間煎じた後、こします。こした後のお茶と茶葉は別々にとっておきます。

◆ 青ねぎを小口切りにします。生姜の皮をむいて軽く刻みます。

◆ ソテーパンにグレープシードオイルを入れて強火で熱します。下味を付けたエビをさっとすすいでから1〜2分炒め、ソテーパンから取り出します。中火にして青ねぎと生姜を1分間炒めた後、再び強火にし、エビを戻し入れ、紹興酒をふりかけます。とっておいた湿った茶葉を数枚加え、煎じた緑茶をひたひたになるよう注ぎます。よく混ぜてから、1分30秒〜2分間さらに熱します。ソースにとろみが足りない場合はコーンスターチ小さじ1を加えてよく混ぜます。

◆ 美しい皿にエビを並べて茶葉を数枚添え、乾燥食用花びらをふりかけて春の雰囲気を演出します。

オリジナル料理

夜 蘭

美露エビ

夜蘭のオリジナル料理。翡英荘が茶室に届けた新茶の「美露」を、獲れたてのエビにからめて炒めたもの。色彩は上品で、お茶の香りが漂う。それに、柔らかくて歯ごたえもあり…って、ちょっと待って、どうして彼女は唐辛子の皿を持ってこっちに来るんだろう？

ミントの獣肉巻き

酸味と辛みが口に広がる料理。獣肉とミントの絶妙なバランスが、柔らかな食感と脂っこくない味わいを生んでいる。ほろ苦い香りの漂う上品な一品だ。ピリッとした辛さが食材を引き立てるアクセントとなっており、口の中で踊った後、完璧な終止符を打つ。

ミントの獣肉巻き

フレッシュミントの牛肉巻き　オリジナル潮州辣椒油仕立て

レベル：1

4人分 ・ 準備時間：20分 ・ 調理時間：45分

材　料

オリジナル潮州辣椒油：
- 赤唐辛子(小)12本
- 塩10g
- ニンニク8片
- グレープシードオイル400ml
- ブラウンシュガー大さじ1
- 薄口醬油60ml
- 四川山椒粉大さじ1

獣肉巻き：
- フレッシュミント2束
- 牛肉のうす切り肉16枚
- フルール・ド・セル
- グレープシードオイル

◆ まず、オリジナル潮州辣椒油の準備をします。赤唐辛子を細かく刻んだあと、乳鉢に入れ、塩を加えてペースト状になるまですりつぶします。ニンニクの皮をむき、芯を取り、刻みます。

◆ 小型のキャセロール鍋にグレープシードオイル150mlを注ぎ、中火にかけます。刻んだニンニクを加え、焦げたり油がなくなったりしないよう注意深く温度を調節しながら30分じっくり加熱します。先ほどの赤唐辛子のペーストを加えてよく混ぜます。残りのオイル、ブラウンシュガー、醬油、四川山椒粉を混ぜあわせ、さらに15分煮続けます。

◆ その間にミントの獣肉巻の準備をします。ミントを洗い、水気を切ったら、葉と茎を分け、葉を16個の束に分けておきます。牛肉のスライスにフルール・ド・セルをまんべんなくふります。大きめのフライパンにグレープシードオイルを入れて中火で熱し、牛肉を入れます。両面をそれぞれ10秒ずつ焼き、フライパンから取り出します。

◆ 肉とミントの束をあわせます。ミントの束をひとつひとつ牛肉のスライスで丁寧に包み、皿に並べます。

◆ 出来上がったミントの獣肉巻きにオリジナル潮州辣椒油をかけて完成です。

明月の玉子

エビと魚の蒸し点心

レベル：1

4人分 ・ 準備時間：**20分** ・ 調理時間：**10分**

材料

餡：
- 生椎茸またはマッシュルーム8本
- 生姜1cm
- チャイブ½束
- むきエビ（生）20尾
- 鱈の背肉100g
- 塩5g
- コショウ5g
- 醤油大さじ1
- 紹興酒大さじ1
- 片栗粉20g

- オリーブオイル
- ラビオリの皮（黄色、丸）16枚
- 小エビ（加熱済み）16尾
- いくら小さじ8

◆ 餡の準備をします。椎茸（またはマッシュルーム）をハーブチョッパーまたはブレンダーのボウルに入れ、10秒間撹拌します。できたデュクセルは置いておきます。生姜の皮をむき、細かく刻みます。チャイブを洗ってすすいで、小口切りにします。ブレンダーのボウルにむきエビと鱈の背肉を入れ、軽く塩をふり、粒が残る程度のペースト状になるまで撹拌します。準備した材料をすべてボウルに入れ、必要であれば塩で味を調えます。コショウ、醤油、紹興酒、片栗粉を数分間しっかり混ぜて、均一で香りのよい餡を作ります。

◆ 鍋いっぱいの湯を沸かし、その上に蒸籠をのせます。調理中にラビオリの皮がくっつかないよう蒸籠の底に少量のオリーブオイルを塗ります。

◆ ラビオリの皮で包みます。作業台にラビオリの皮を1枚置き、皮の周囲を湿らせます。皮のまん中に小さじ山盛り1の餡をのせます。皮の縁をつまみ、餡をしっかり包みます。材料がなくなるまで同じ作業を繰り返します。包み終わったラビオリを蒸籠に並べ、蓋をして10〜12分間蒸します。

◆ 蒸し上がったラビオリを小さな竹製のかごに並べます。それぞれに小エビを1尾、まん中にいくら小さじ½を乗せると完成です。

明月の玉子

璃月の伝統的な点心の一つ。熱いうちに一口噛めば、肉汁がじゅわっとあふれ出し、エビの甘みが全体のうまみを一気に引き出す。漁歌が響く秋空に名月がかかり、澄んだ川の岸辺に小舟が泊まっている…そんな光景が目に浮かんでくるようだ。

岩港三鮮

たっぷりの油で炒めた菜食。豊かな大地の香気と木陰のしんとした涼しさ、そして立ち上る山霧が溶け込んだ一皿。シンプルに白米と一緒に食べてみれば、味覚だけでなく心も十分に満たされる。

岩港三鮮

オリジナル地三鮮

レベル：1

4人分 ・ 準備時間：20分 ・ 寝かせる時間：15分 ・ 調理時間：30分

材料

ソース：	中国ナス（長いもの）1本
水50ml	塩
濃口醤油大さじ2	生椎茸4本
薄口醬油大さじ2	生姜2cm
コーンスターチ大さじ1	ニンニク1片
砂糖小さじ½	ジャガイモ（大、アグリア種）4個
塩小さじ½	コーンスターチ大さじ2
	グレープシードオイル80～100ml
	葉玉ねぎの緑の部分またはチャイブ数本
	エディブルパンジーフラワー 8枚（お好みで）

◆ ソース用の材料をすべてボウルに入れて混ぜ、ソースを作ります。

◆ 野菜の準備をします。まず、ナスをざっくりぶつ切りにした後、短冊状に切り、ボウルに入れます。ボウルに水を注ぎ、塩10gを加え、よく混ぜて10分間置きます。椎茸を薄切り、またはいちょう切りにします。皮をむいた生姜と、ニンニクをみじん切りにします。ジャガイモを洗い、大きめのキャセロール鍋に入れ、全体が浸るよう水をかぶせ、塩を入れて（水1000mlリットルあたり塩10g）沸騰させ、芯が柔らかくなるまで15～20分茹でます。茹であがったら、ざるにあけて水を切り、数秒洗って皮をむき、それぞれ4つにくし切りします。

◆ 切ったナスを取り出して水気を切り、ボウルに移します。コーンスターチをふりかけ、よく混ぜます。5分置いたらさっと水洗いし、加熱に移ります。グレープシードオイルを中華鍋または深めのソテーパンに入れ、強火で熱します。ジャガイモを入れて、きれいな黄金色になるまで2分間揚げます。揚げたジャガイモを穴杓子で取り出し、キッチンペーパーの上に置いたら、今度はナスと椎茸を中華鍋に入れます。かき混ぜ続けながら5分揚げて取り出し、キッチンペーパーの上に置きます。中華鍋の油を¾取り除き、ニンニクと生姜を鍋に加え、次にソースと一度揚げた野菜を戻します。全体をよく混ぜ合わせながら2分間炒めたら、葉玉ねぎの緑の部分またはチャイブを加え、また混ぜあわせたら、すぐに盛り付けます。

◆ この料理は大皿に盛り付けてもよいでしょう。パンジーを飾り、ご飯と一緒に頂くのもおすすめです。

江湖百味

エビとニンジンの点心

レベル：1

4人分（ラビオリ16個分）・準備時間：20分・調理時間：20分

材料

餡：	植物油
ニンジン2本	オリーブオイル
生姜1cm	ラビオリの皮（白、大）16枚
むきエビ（生）200g	チャイブの茎16本
豚または鶏のひき肉100g	
チャイブ½束	
タイバジルの葉数枚	
塩5g	
コショウ5g	
醤油大さじ1	
紹興酒大さじ1	
片栗粉20g	

◆ ニンジンの準備をします。皮をむき、賽の目切りにし、鍋いっぱいの塩水を沸かして（水1リットルあたり塩10g）、10分間茹でます。茹でたニンジンはざるにあけて水を切って冷水ですすぎます。

◆ 餡の準備をします。生姜の皮をむいて細かく刻みます。刻んだ生姜を、エビ、ひき肉（豚肉または鶏肉）、チャイブ、タイバジル、塩、コショウ、醤油、紹興酒、片栗粉と一緒にブレンダーのボウルに入れます。30秒撹拌します。賽の目切りにしたニンジンの半量を手で混ぜ込み、味を確かめ、置いておきます。

◆ 鍋いっぱいの湯を沸かし、その上に蒸籠をのせます。加熱中にラビオリの皮がくっつかないように、蒸籠の底に少量のオリーブオイルを塗ります。

◆ 餡をラビオリの皮で包みます。作業台にラビオリの皮を1枚置き、皮の周囲を少し濡らし皮のまん中に小さじ山盛り1の餡をのせて、しっかり締めて巾着型にします。チャイブで巾着を結びます。材料がなくなるまで同じ作業を繰り返します。包み終わったラビオリを蒸籠に並べ、蓋をして10～12分間蒸します。

◆ ラビオリを小さな竹かごに入れ、賽の目切りにした残りのニンジンを上にのせて完成です。

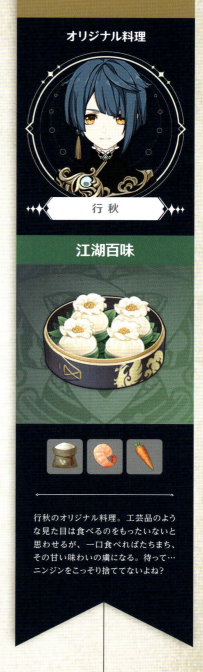

オリジナル料理

行秋

江湖百味

行秋のオリジナル料理。工芸品のような見た目は食べるのをもったいないと思わせるが、一口食べればたちまち、その甘い味わいの虜になる。待って…ニンジンをこっそり捨ててないよね？

翠玉福袋

繊細な造りの料理。白くみずみずしい野菜にかぶりつけば、中にはいい香りのハムとシャキシャキのハスの実が詰まっている。夕日が溶け込んだような濃厚なスープを飲めば、舌は穏やかな湖畔に浮かぶ船のような心地よさに包まれる。

翠玉福袋

レンコンと豚ひき肉のピリ辛ブイヨン入り巾着

レベル:2

4人分（12個分）・準備時間:20分・調理時間:30分

材料

ブイヨン：	餡：
赤唐辛子(小)4本	レンコン（薄切り、茹でたもの）150g
生姜2cm	豚ひき肉300g
葉玉ねぎ½束	オイスターソース大さじ1
レモンリーフ4枚	紹興酒大さじ1
八角1個	薄口醤油大さじ1
乾燥ナツメ1個	細粒パン粉大さじ1
醤油大さじ2	卵1個
野菜のブイヨン1000ml	塩5g
レタスの葉12枚	青ねぎまたはチャイブの茎（適量）

◆ まず、ブイヨンの準備をします。唐辛子を細切りにします。切った後、手を洗いましょう。生姜の皮をむいて細かく刻みます。葉玉ねぎを小口切りにします。これらの材料を大きめのキャセロール鍋に入れ、レモンリーフ、八角、ナツメ、醤油、野菜のブイヨンを加えます。煮立たせたら、弱火で30分煮込みます。

◆ 餡を作ります。レタスの葉以外のすべての材料をブレンダーのボウルに入れ、20秒間高速で撹拌したら餡の完成です。

◆ 次にレタスの葉を茹でます。大きなボウルに氷水をはっておきます。別に鍋いっぱいのお湯を沸かし、レタスの葉を1枚ずつ10秒間茹で、すぐに氷水で冷やします。

◆ 巾着を作ります。餡を12等分し、それぞれレタスの葉（12枚）に詰めます。レタスを餡の上で包み、巾着型にします。青ねぎまたはチャイブの茎で巾着を結んで縛ります。

◆ 鍋いっぱいの湯を沸かし、その上に蒸篭をのせます。調理中に巾着がくっつかないように蒸篭の底に少量のオリーブオイルを塗ります。巾着を蒸篭に並べ、蓋をして10〜12分間蒸します。

◆ 1皿に巾着を3個置き、ピリ辛ブイヨンをかけて、熱々で食べます。

乾坤モラミート

フライパンで作る即席パンとスパイシー肉煮込み

レベル：1

4人分
準備時間：**30分**
調理時間：**2時間30分（鋳鉄製ココット鍋）** または **50分（圧力鍋）**
寝かせる時間：**1時間**

材料

スパイス風味の肉：
豚フィレミニョン1枚
グレープシードオイル
塩10g
花椒小さじ1
八角1個
シナモンスティック1本
生姜2cm
パクチョイ（小）1株
ブラウンシュガー 40g
醤油50ml
紹興酒50ml
肉のブイヨン1000ml

湯種：
小麦粉25g
水150ml

パン生地：
小麦粉240g
湯種40g
塩2g
砂糖2g
ベーキングパウダー ½袋
インスタントドライイースト½袋
水（25～30℃）100ml
全脂乳（無糖練乳）50ml
小麦粉（打ち粉用）
グレープシードオイルまたはひまわり油大さじ2

◆ 肉の準備をします。ココット鍋または圧力鍋の底にグレープシードオイルをたっぷり注いで中火で温めます。肉全体に塩をふったら、温めたオイルに入れ、各面をしっかり焼きます。残りの材料をすべて加えてよく混ぜます。ココット鍋の場合、混ぜた後に蓋をし、軽く煮立たせた状態を保って2時間30分煮込みます。圧力鍋を使う場合、中火にし、蓋を密閉してからおもりをセットし、最初に蒸気が出てから50分間煮込みます。

◆ パンの食感を向上させ、軽くするための白いルー（湯種）を作ります。小さめのキャセロール鍋に小麦粉を入れ、水半量を加えます。中火にかけ、よくかき混ぜて滑らかな生地を作ります。残りの水を加えて伸ばし、さらに混ぜ続けながら、とろみが付くまで混ぜます。あまり固すぎず、適度なとろみがある液状の生地に仕上げるのがポイントです。表面に直接触れられる深さの容器に移し、ラップをして置いておきます。

オリジナル料理

凝光

乾坤モラミート

凝光のオリジナル料理。皮は程よくもちもち、肉は上質なものしか使わない、蜜のような肉汁がジュワッとあふれてくるのがたまらない一品。高貴な身分の「天権」凝光様は、一体どこでこの料理を学んだのだろう？

◆ パン生地の準備に進みます。生地フックを装着したスタンドミキサーのボウルにパン生地の材料をすべて入れ、中速で7分間こねます。手でこねる場合は、材料をボウルに入れ、10分間しっかりこねます。次に、作業台に軽く打ち粉をし、その上に生地を置き、丸めます。油を塗っておいたボウルに入れ、ラップをし、1時間発酵させます。

◆ 肉を煮込み終わったら、ココット鍋から取り出し刻み、ボウルに移して残りのソースと混ぜて置いておきます。

◆ パン生地が発酵したら、生地を取り出して打ち粉をした作業台に置き、4等分に切り分けます。それぞれを素早く丸めます。麺棒に打ち粉をし、丸めた生地を薄い丸形に伸ばします。

◆ 鋳鉄フライパンに油を引いて中火で熱し、生地をひとつずつ焼きます。まず蓋をして2分間、その後蓋を外して2分間焼きます。

◆ パンが焼きあがったらすぐにナイフで半分に切り、スパイスの効いた豚肉を挟んで熱々で頂きます。

九死一生の焼き魚

鯛の香草詰めグリル

レベル：1

4人分 ・ 準備時間：10分 ・ 調理時間：10分

材料

ソース：
薄口醬油大さじ2
紹興酒酢大さじ1
唐辛子ペースト 小さじ1
花椒粉小さじ½
ひまわり油またはグレープシードオイル大さじ2

鯛（内臓とうろこを処理済みのもの）2尾
フルール・ド・セル
タイバジルの葉数枚
イタリアンパセリの葉数枚
レモン1個またはキンカン4個
ひまわり油またはグレープシードオイル
チャイブの茎数本

◆ まず、ソースを作ります。ボウルにソース用の材料をすべて入れ、混ぜます。

◆ 鯛の下ごしらえをします。それぞれの鯛の内側に軽くフルール・ド・セルをふり、料理用ハケで鯛の内側と外側に油を塗ります。タイバジルとイタリアンパセリを粗く刻み、レモンまたはキンカンをスライスし、これらを鯛の内側に散らして詰め、ソースで覆います。

◆ 鋳鉄製グリルパンまたはバーベキューグリルを熱し、ひまわり油またはグレープシードオイルを塗り、強火で熱します。詰め物をし、ソースを塗った鯛2尾をグリルパンまたはバーベキューグリルに置きます。両面をそれぞれ1分ずつしっかり焼き色が付くまで焼いた後、火を弱めてさらに各面を4分焼きます。

◆ 鯛が焼きあがったら、取り出し、ハーブと柑橘類の詰め物を取り除きます。魚を丁寧に半身ずつ切り分けて、これを1人前とし、残りのソースを添え、お好みで熱々のご飯と一緒に頂きます。

オリジナル料理

刻晴

九死一生の焼き魚

刻晴のオリジナル料理。火で焼くのではなく、雷元素で魚を内側から加熱した料理。程よく焦げた皮が身を包み、一口で旨味が広がる。こういうサバイバルスキルも持っていたなんて…人は見かけによらない。

オリジナル料理

煙緋

「法律ここにあり」

煙緋のオリジナル料理。真四角に整えられたかにみそ豆腐。作り方も味も、レシピに書かれた「かにみそ豆腐の法律」に完璧に従い、法律の尊さを感じさせる形に仕上がっている。

「法律ここにあり」

豆腐のカニ風味

レベル：1

2人分 ・ 準備時間：15分 ・ 調理時間：15分

材 料

カニ(雌)の身と卵(処理済みのもの)2杯分
グレープシードオイル
木綿豆腐400g
生姜2cm
葉玉ねぎ2本
醤油50ml
紹興酒20ml
塩5g
砂糖2g
フュメ・ド・ポワソンまたは野菜のブイヨン500ml ※料理のコツ(P.181)を参照

◆ 小さめのキャセロール鍋にグレープシードオイルを少量入れて中火で温めます。油が温まったら、カニの卵の2/3を鍋に入れ、少し固まるまでよく混ぜながら5分熱します。塩をひとつまみ入れ、味を調えます。次にカニの卵の形を整えます。熱したカニの卵をクッキングシートまたはシリコンシートを敷いたトレイに置き、円盤状に広げてまん中に小さな四角い穴を空けます。盛り付けるまで冷蔵庫で冷やしておきます。

◆ 次に豆腐を湯通しします。ココット鍋にたっぷりのお湯を沸かします。豆腐を均等なサイコロ状に切り、沸騰したお湯で2分間茹でた後、穴杓子でクッキングシートの上に取り出します。

◆ 豆腐を皿の上に正方形となるようきれいに重ねて並べます。

◆ 続いて、カニのソースを作ります。カニの身をよく刻みます。生姜の皮をむき、みじん切りにします。葉玉ねぎを白い部分と緑の部分に分けて、細かく刻みます。

◆ 大きめのソテーパンまたは中華鍋にグレープシードオイル50mlを入れて中火で熱します。ここにカニの身と残りの卵を入れ、混ぜあわせて弱火で5分炒め、生姜、葉玉ねぎの白い部分、醤油、紹興酒、塩、砂糖を加えます。よく混ぜ、ブイヨンを注ぎ、軽く煮立たせます。

◆ 盛り付けをします。カニのだし汁をこして、不要な雑味を除きます。だし汁は、おたまで豆腐に軽くかけるか、皿の端から注いで豆腐が浸るようにします。円盤状に成形したカニの卵を豆腐にのせ、みじん切りにした葉玉ねぎの緑の部分を散らしたら、すぐに頂きます。

仙跳牆

手の込んだ璃月の名物料理。海の幸と山の幸が一堂に会し、ご馳走たちが香りの宴を開く。一口食べれば繊細で滑らかな食感を、もう少し口に運んでみれば長い余韻を味わえる。後を引く美味しさに魂が引き寄せられていく気がする。仙人でさえも、その美味しさにつられて仙府を出てきてしまうらしい。

仙跳牆

オリジナル佛跳牆

レベル：1

4人分・準備時間：15分・調理時間：ココット鍋で2時間30分、圧力鍋で1時間

材　料

生姜2cm	料理酒20ml
ニンニク2片	醤油50ml
リーキ1本	カニの身（処理済みのもの）
ニンジン1本	モルトーソーセージ(IGP品質保証つきのもの)1本
生ブラウンマッシュルーム8本	干し椎茸を戻したもの4個
豚フィレミニョン1枚	ナツメ1個
塩	高麗ニンジンの根5g
車エビ12尾	乾燥唐辛子（小）1本
ひまわり油またはグレープシードオイル	ブイヨン（牛肉、鶏肉または野菜）2000ml
	※料理のコツ(P.179～181)を参照
ホタテ貝柱8個	

◆ まず、生姜を洗って乾かし、輪切りにします。ニンニクは皮をむいて芯を取り、手のひらまたはナイフの刃で押しつぶします。リーキを洗って輪切りにします。ニンジンを4つに切ります。湿らせたキッチンペーパーでマッシュルームと椎茸の汚れをふき取ります。豚フィレミニョンの表面全体に軽く塩をふります。車エビは殻をむいて背ワタを取り、冷蔵庫に入れておきます。頭は残しておきます。

◆ ココット鍋または圧力鍋に、ひまわり油またはグレープシードオイル50mlを注ぎ、強火で熱し、豚フィレミニョンを入れます。全面に焼き色が付くまで1～2分焼いたら、いったん鍋から取り出します。火を中火にし、エビの頭を鍋に入れ、木べらで潰して旨味を出し、よくかき混ぜて2分炒めたら鍋から取り出します。料理酒と醤油でデクラッセし、鍋底の旨味をこそげ取ります。カニの身、豚フィレミニョン、モルトーソーセージ、干し椎茸と生のキノコ類、リーキ、ニンジン、生姜、ニンニク、ナツメ、高麗人参、唐辛子を加えてよく混ぜます。塩5gを加え、ブイヨンを注いで全体を混ぜて蓋をします。

◆ ココット鍋で作る場合は、ブイヨンがぐつぐつ煮立ち始めたら中火で2時間半煮込みます。圧力鍋を使用する場合は、しっかりと密閉し、おもりをセットして中火にかけ、蒸気が出てから1時間煮込みます。

◆ 煮込み終わる数分前に、ホタテ貝柱の調理を行います。フライパンに少量の油をひき、中火で温めます。油が温まったらホタテ貝柱を入れ、片面30秒ずつ炒めて取り出します。食材の旨味が豊富に溶け込んだスープを再び取り出し、一度こして固形具材とブイヨンを分けます。大皿にブイヨンを注ぎ、ホタテ、豚肉、エビ、野菜を飾って完成です。

獣肉シチュー

野菜と牛肉のハーブ煮込み

レベル：1

4人分 ・ 準備時間：30分 ・ 寝かせる時間：30分〜1時間
調理時間：4時間（鋳鉄製ココット鍋）または1時間30分（圧力鍋）

材料

牛ほほ肉または肩肉1.2kg　　グリーンピース100g
炭酸水1000ml　　　　　　　塩
ニンジン6本　　　　　　　　小麦粉大さじ1
紫玉ねぎ2個　　　　　　　　ビーフブイヨン1500ml
ベーコン1枚　　　　　　　　薄口醤油大さじ2
植物油　　　　　　　　　　　蜂蜜大さじ1
（ひまわり、オリーブ、グレープシード）大さじ2　　ブーケガルニ1本
無塩バター80g

◆ 牛ほほ肉または肩肉は、適切に調理すると非常に風味豊かでとろけるように柔らかくなります。牛肉を炭酸水で満たしたボウルに入れます。炭酸水の炭酸ガスが肉のタンパク質に作用し、肉が柔らかくなります。そのまま容器の中で30分から1時間寝かせてください。

◆ 玉ねぎの皮をむき、4つに切ります。ニンジンは皮をむき、2cmの厚さに輪切りにし、酸化を防ぐために、水を張った大きなボウルに入れておきます。ベーコンは細切りにします。

◆ 鋳鉄製ココット鍋に油とバター10gを入れ、中火で温めます。バターが溶けたら、ベーコン、玉ねぎ、ニンジン、グリーンピースを加えます。5分炒め、全体に焼き色が付いたら、いったん取り出します。

◆ 牛肉をざるにあけて水分をよく拭き取り、よく乾かします。大きめの角切りにし、全体に塩をふったら、ココット鍋に入れ、焼き色がつくまで数分間焼きます。取り出しておいた野菜を鍋に戻し、小麦粉をまぶします。さらに1分間炒めた後、ブイヨンでデグラッセし、中火にします。薄口醤油と蜂蜜を加えて混ぜ、ブーケガルニを加えます。蓋をして弱火で4時間煮込みます。圧力鍋を使用する場合は、中火に設定し、密閉しておもりをセットして、蒸気が出始めてから1時間30分煮込みます。

◆ 煮込み終わったら鍋からそのまま深皿に移し、煮汁と野菜も一緒に熱々のうちに盛り付けて頂きます。

獣肉シチュー

煮込み料理。濃厚なスープに香ばしい獣肉が合わさり、なんとも食欲をそそる香りを立ち上らせている。スープに豊かな風味を与えてくれている野菜はホクホクで柔らかいが、煮崩れはしていない。火傷しそうなくらいアツアツでも、つい口いっぱいに頬張ってしまう。鍋の中からはすぐに具材が無くなってしまった…あ、パンをスープにつけて食べてみても美味しいかも？

87

万民堂
水煮魚

スズキと野菜のスパイシーブイヨン煮込み

レベル：1

4人分 ・ 準備時間：25分 ・ 調理時間：15分

材 料

- 葉玉ねぎ4個
- 皺中国唐辛子2本
- パクチョイ2株
- ニンニク4片
- 生姜2cm
- もやし80g
- スズキ（3枚におろしたもの。盛り付け用に頭を残しておく）
- 塩
- 花椒小さじ1
- グレープシードオイル50ml
- オイル漬け唐辛子大さじ2
- 鰹だし2000ml　※料理のコツ（P.181）を参照
- 醤油大さじ2
- シメジ2房
- ミントの葉数枚

◆ まず、料理の香りのベースとなる香味材料の準備をします。葉玉ねぎを小口切りにします。皺中国唐辛子を薄切りにします。唐辛子を扱った後は、必ずナイフと手を洗いましょう。パクチョイを洗って乾かし、粗く刻みます。ニンニクは皮をむき、芯を取り、軽く刻みます。生姜も皮をむいて軽く刻みます。もやしを洗って水気を切ります。

◆ スズキ全体に軽く塩をふります。中華鍋または大きめのソテーパンに花椒を入れ、焦げない程度に茶色くなるまで中火で4分焼きます。炒り終わった花椒を鍋から取り出し、グレープシードオイルを入れて中火にして、ニンニク、刻んだ生姜、葉玉ねぎ、パクチョイを加え、軽く塩をふって5分炒めます。炒めた香味材料をいったん鍋から取り出します。強火にして、もやしを入れ、混ぜながら2分間炒めます。オイル漬けにした唐辛子とスライスした唐辛子の半分を加え、混ぜあわせます。野菜と香味材料を鍋に戻し、その上にスズキの切り身を並べます。魚にかぶる程度に鰹だしを注ぎます。醤油とシメジを加え、煮立たせたら、弱火にして4分間煮込み、スズキに完全に火を通します。

◆ 大きな椀に料理を盛り付け、魚の頭を飾ります。残りの唐辛子のスライスとミントの葉をスープの表面に浮かべます。平打ち麺を添えるのもよいでしょう。

注：一人に1尾ずつ提供する場合、スズキの代わりに小さい鯖を4尾用意してください。

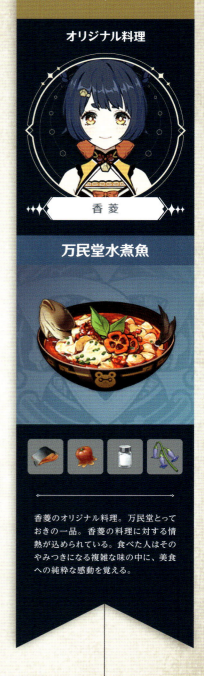

オリジナル料理

香菱

万民堂水煮魚

香菱のオリジナル料理。万民堂とっておきの一品。香菱の料理に対する情熱が込められている。食べた人はそのやみつきになる複雑な味の中に、美食への純粋な感動を覚える。

オリジナル料理

辛炎

ロック・チキン！

辛炎のオリジナル料理。地獄のような見た目の中に地獄のような辛さが隠されている。食べると涙が溢れるがクセになる味。鬼才にしか作れないだろう！

ロック・チキン！

鶏肉のフランベとピーマンのスパイシー炒め

レベル：1

4人分 ・ 準備時間：15分 ・ 寝かせる時間：1時間30分～2時間30分 ・ 調理時間：10分

材料

マリネ液	ソース：
鶏肉（上モモ肉、ムネ肉など）400g	赤ピーマン1個
醤油80ml	緑ピーマン1個
紹興酒40ml	葉玉ねぎ2個
唐辛子ペースト	花椒小さじ1
またはオイル漬け唐辛子小さじ1	グレープシードオイル50ml
塩	皮むきピーナッツ大さじ2
生姜1cm	乾燥赤唐辛子（長いもの）2
	醤油50ml
グレープシードオイル750ml	紹興酒20ml
片栗粉またはコーンスターチ100g	オイスターソース大さじ3
	日本酒40ml

◆ まず、鶏肉に下味を付けます。鶏肉を大きな塊に切り、ボウルに入れます。醤油、紹興酒、唐辛子を加え、軽く塩をふります。生姜を刻んで加え、全体をよく混ぜあわせたら、ぴったりとラップをして冷蔵庫で1時間30分以上寝かせます。

◆ ココット鍋またはキャセロール鍋にグレープシードオイルを注ぎ、160℃に熱します（キッチン温度計で温度を確認します）。鶏肉を取り出し、片栗粉またはコーンスターチをまぶしてよく混ぜたら、熱した油に入れて3～4分揚げます。揚げ終わった鶏肉は取り出して、重ねたキッチンペーパーの上に置きます。

◆ 野菜の準備をします。ピーマンは種を取り、食べやすい大きさに切ります。葉玉ねぎは3～4等分の長さに切ります。

◆ 中華鍋またはソテーパンを強火で熱し、花椒を数秒間炒ってからすり鉢に入れ、熱いうちにすりつぶし、置いておきます。鍋に再びグレープシードオイルを入れ、強火で熱します。葉玉ねぎと皮むきピーナッツを加え混ぜながら炒めます。ピーマンと唐辛子を加え、さらに炒めます。全体がよく混ざったら、揚げた鶏肉を入れます。次に醤油、紹興酒、オイスターソース、すり潰した花椒を加えて、よく混ぜます。最後に日本酒を加えてフランベをし、炎が消えないうちにテーブルに運びます。

雲隠し玉

ヘーゼルナッツのお菓子

レベル：1

4人分 ・ 準備時間：20分 ・ 寝かせる時間：15分 ・ 調理時間：10分

材料

白いお菓子の生地：
もち米粉100g
ぬるま湯80ml

ピンクのお菓子の生地：
もち米粉150g
ビーツジュース120ml

餡：
ブラウンシュガー50g
皮むきヘーゼルナッツまたはピーナッツ200g
溶かした有塩バター80g

◆ 白色のお菓子生地の準備をします。ボウルにもち米粉とぬるま湯を入れ、2分間こねて滑らかな生地にします。成形しやすくするために生地の1/4をとりわけ、米粉をまぶした麺棒で薄く伸ばします。キャセロール鍋で湯を沸かし、生地を2分30秒〜3分茹でます。穴杓子で茹でた生地を取り出し、水気を切ってから残りの生地に加え、さらに1分間こねます。これで生地が扱いやすくなるので、ボウルに戻し、ぴったりとラップをして寝かせます。

◆ ピンクのお菓子の生地も同じ作業をします。ぬるま湯の代わりにビーツジュースを使い、同じ手順を繰り返します。こちらの生地もぴったりとラップをして休ませます。

◆ 餡の準備に進みます。ブレンダーのボウルにブラウンシュガーとヘーゼルナッツまたはピーナッツを入れ、30秒間高速で混ぜ、ざらつきのある粒状のペーストにします。ここに溶かしバターを加え、さらに15秒間混ぜて滑らかなペーストにします。このペーストをボウルに移し、しっかりとした生地になるまで数分間こねます。この生地を30個ほどのボール状に成形し、皿に並べて冷蔵庫で15分寝かせます。

◆ 次にお菓子を作ります。白とピンクのお菓子生地を取り出し、直径3.5〜4cmの細長い棒状に成形してから15等分に切り分けます。それぞれ小さなボール状にして、親指でくぼみを作ります。それぞれのくぼみに餡を詰め、お菓子の生地で包んで滑らかなボール形に整えておきます。

◆ キャセロール鍋に水かお茶を入れて沸騰させ、お菓子を入れます。数分茹でて、お菓子が浮いてきたら完成です。

◆ すぐに、茹で汁や冷たいお茶に浮かべて頂きます。

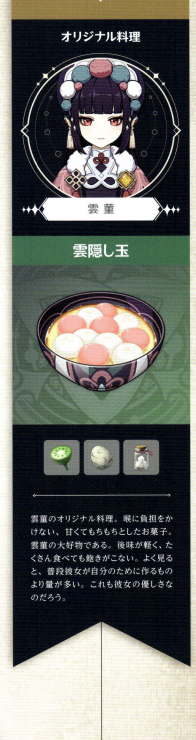

オリジナル料理

雲菫

雲隠し玉

雲菫のオリジナル料理。喉に負担をかけない、甘くてもちもちとしたお菓子。雲菫の大好物である。後味が軽く、たくさん食べても飽きがこない。よく見ると、普段彼女が自分のために作るものより量が多い。これも彼女の優しさなのだろう。

オリジナル料理

魈

「夢」

魈のオリジナル料理。彼の「夢」は、良い夢を見ること。ただそれだけ。

「夢」

杏仁豆腐とティーシロップのデザート

レベル:1

4人分 ・ 準備時間:5分 ・ 調理時間:10分 ・ 寝かせる時間:1時間

材料

杏仁豆腐:
アーモンドミルク1000ml
砂糖120g
ゼラチンパウダー 6g
水大さじ6

ティーシロップ:
水400ml
ジャスミンティー(茶葉)小さじ1
蜂蜜大さじ1

盛り付け用ピスタチオ数個

◆ 杏仁豆腐の準備をします。キャセロール鍋にアーモンドミルクと砂糖を入れ、よくかき混ぜて中火にかけて、ふつふつとするまで温めます。ボウルにゼラチンと水大さじ6杯を混ぜ、ゼラチンが固まったら、アーモンドミルクに加えて鍋を火から下ろします。ゼラチンが完全に混ざったら、液を目の細かいこし器でこしてゼラチンの残りを取り除き、グラタン皿か深い皿に注ぎます。室温で15分冷ました後、冷蔵庫で45分冷やし固めます。

◆ その間に、ティーシロップの準備をします。水をふつふつとするまで温め、ジャスミンティーを加えます。火を止めて5分煎じ、茶葉を濾して、もう一度沸騰させます。蜂蜜を加えてウッドスプーンで混ぜながら溶かし、混ざったら室温で冷ました後、冷蔵庫で30分冷やします。

◆ 4枚のデザート皿におたま1杯分のシロップを注ぎます。杏仁豆腐を角切りにしてシロップの上に並べます。お好みで砕いたピスタチオを散らして完成です。

注:皿に日本のタピオカパールを飾りつけるのもいいでしょう。

稲妻

テイワット大陸の遥か東方に位置する、封鎖された群島。

絶え間ない雷雨を越え、楓と緋櫻が眷顧する
列島に踏み入る。
そして島を囲む砂の堤、聳え立つ断崖、幽々たる森の中、
御建鳴神主尊大御所様が求める永遠を見届けよ。

稲妻での食事

独自の文化と洗練された料理で知られる稲妻へようこそ!
海に囲まれた稲妻群島は
風味豊かで刺激的な料理を生み出す
ユニークな地元食材が豊富です。
とりわけラズベリー水まんじゅうは絶品です!

離島

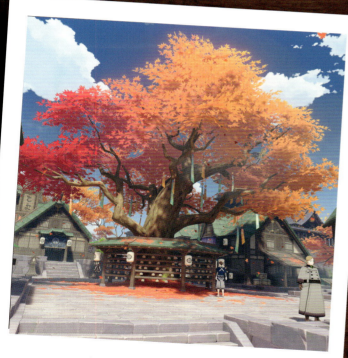

離島 - 町の風景

離島 - 露店

甘金島

烏有亭

烏有亭

稲妻城

眩暈回避術・改

オニギリとポン酢サーモン

レベル：2

4人分 ・ 準備時間：20分 ・ 調理時間：20分

材料

ご飯：	具材の魚：
短粒米（ジャポニカ米またはアルボリオ米）	生鮭の切り身
400g	ポン酢250ml
米酢100ml	みりん80ml
グラニュー糖40g	ブラウンシュガー（適量）
塩5g	
イカ墨1袋	

◆ まず、おにぎりの準備をします。米をとぎ汁の濁りがなくなるまで繰り返しすすぎます。キャセロール鍋に米と水500mlを入れて沸騰させ、弱火で12分炊き、その後、火から下ろし蓋をしたまま10分蒸らします。この間、別のキャセロール鍋に米酢、グラニュー糖、塩を入れ、沸騰させないように弱火で温め、グラニュー糖と塩が溶けかかるまで置いておきます。

◆ 蒸らし終わったご飯を大きなボウルに移して、作っておいた合わせ酢を注ぎ、米粒を潰さないようにしゃもじでよく混ぜます。団扇でご飯をあおぎながら冷まし、酢をなじませます。次に、ご飯を2つの容器に分け、そのうちひとつはイカ墨を加えて黒く色付けします。具材を準備する間、ご飯は湿らせた布で覆っておきます。

◆ 別のキャセロール鍋にポン酢、みりん、ブラウンシュガーを入れ、沸騰させ、鮭の切り身を数分茹でます。鮭を鍋から取り出し、まな板で細かく刻んでおきます。

◆ 次に、おにぎりの形作りをします。ムジナやタヌキの形のおにぎり用の型を使います。型の底にご飯を少し詰め、その上に具材の魚をのせます。次に白いご飯と黒いご飯で動物の顔になるようご飯を詰め、型でしっかり押し固めて形を整えます。

◆ できたおにぎりは、すぐに食べてもよいですし、密閉容器に入れて冷蔵庫で24時間保存することもできます。

注：おにぎり用の型はオンラインやアジア食料品店で購入可能です。
スタンダードなおにぎりを作る場合、適量のご飯を手のひらにのせ、まん中に大さじ1の具材の魚を置き、ご飯を少しかぶせ、軽く握って形を整えます。最後に海苔を巻くと出来上がりです。
※炊飯器を使用する場合は、キャセロール鍋で米を炊く工程は不要です。

オリジナル料理

早柚

眩暈回避術・改

早柚のオリジナル料理。早柚が可愛いムジナの形に握ってくれたおにぎり。くれぐれも、タヌキと間違えないように。もしかしたらこのおにぎりこそ、早柚がご飯の後に丸一日ぐっすり寝ていられる秘密の術なのかも…？

オリジナル料理

荒瀧一斗

強者の道のり

荒瀧一斗のオリジナル料理。本人によると、これは「荒瀧・美食マスター・一斗」が直々に作った「古今東西激ウマ料理」だという。立っていても座っていても横になっていても、口に入れればとにかく腹を満たすことができ、さらには世界を制覇する強者になれるらしい…えっと…そんな「すごい」ものを、わざわざありがとう。

強者の道のり

焼きそばミルクパン

レベル:1

2人分・準備時間:15分・調理時間:15分

材料

スパイシー焼きそばソース：	生姜1cm
醤油大さじ4	葉玉ねぎ(大)2本
オイスターソース大さじ2	白菜の葉2枚
唐辛子ペースト大さじ1	木綿豆腐80g
ケチャップ大さじ2	ベーコン4枚
料理酒小さじ1	焼きそば麺4玉
蜂蜜小さじ1	グレープシードオイル大さじ2
	ホットドッグ用パン4個
	ごま油

◆ まず、焼きそばソースを作ります。ソース用のすべての材料を混ぜあわせておきます。

◆ 次に、野菜の準備をします。生姜の皮をむき、みじん切りにします。葉玉ねぎを小口切りにします。白菜の葉を洗って粗く切り、豆腐は賽の目切りにします。

◆ ベーコンを太めの短冊切りにしておきます。

◆ たっぷりの水を沸騰させ、麺を入れます。商品パッケージに記載された指定の茹で時間に従って数分茹でます。茹でたらざるにあけて水を切り、冷水でさっとすすぎます。

◆ 材料の準備が終わったら、調理をします。より完璧に仕上げたい場合、プランチャや鉄板焼き用プレートを使うとよいでしょう。中華鍋や大きめのフライパンでも代用できます。プレートや鍋にグレープシードオイルを入れ、強火で熱します。葉玉ねぎ、生姜、白菜を加え、混ぜながら、2分間炒めます。ベーコンを加え、さらに2分炒めます。茹でた麺を入れて、混ぜながら2分炒めます。最後に焼きそばソースの3/4量を加え、すべての材料にからませたら、いったん置いておきます。

◆ ホットドッグ用のパンを2つに開き、中にごま油を少量塗ります。パンは軽く焼いた後、あるいはそのまますぐに熱々の焼きそばを挟みます。残りのソースをかけて、温かいうちに頂きます。

福は内うどん

あっさりだしのきつねうどん

レベル：1

4人分 ・ 準備時間：10分 ・ 調理時間：15分

材　料

鰹だし1600ml　※料理のコツ（P.181）を参照
醤油大さじ2
みりん大さじ1
チャイブ6本
鳴門巻（魚肉練り物）
うどん4玉
油揚げ8枚

◆ 鰹だしを弱火で煮立たせ、醤油、みりんと油揚げを加えてさらに煮ます。

◆ チャイブを小口切りにし、鳴門巻を8枚にスライスします。

◆ うどんを調理します。4人分のうどん玉を別々の鍋で調理できれば理想的ですが、できない場合は、たっぷりのお湯でうどんを商品パッケージに記載された時間に従って茹でます。茹であがったら、すぐにざるにあけて湯を切り、湯切りします。

◆ 丼にだしを注ぎ、麺をバランスよく盛り付けます。油揚げ2枚と鳴門巻きを添えます。小口切りにしたチャイブを散らして頂きます。

注：油揚げにたとえばキツネを描きたいなどの場合、焼き印（焼きごて）を使います。ここでは、ゲームのイメージになるべく近い仕上がりになるように食用インクで装飾しました。

オリジナル料理

八重神子

福は内うどん

八重神子のオリジナル料理。真ん中に載っている油揚げは威厳ある「狐お姉さん」のれっきとした特注品だ。誠意をもって一気に食べると、その日はまる一日「仙狐様」のご加護を受けられ、不運を遠ざけ、強運に恵まれると言われている。

オリジナル料理

トーマ

「温もり」

トーマのオリジナル料理。精巧な見た目のわりに、使われている材料はごく普通。一口飲むと、太陽のように温かいトーマの笑顔が思い浮かぶ。素朴な食材で人の心を暖める料理を作れるのは、腕が良いからこそなのだろう。

「温もり」

豆腐とわかめの味噌汁

レベル：1

4人分・準備時間：**10分**・寝かせる時間：**15分**・調理時間：**5分**

材 料

乾燥わかめ大さじ1
鰹だし1600ml　※料理のコツ(P.181)を参照
絹ごし豆腐100g
葉玉ねぎ1本
みりん小さじ1
麦味噌大さじ2

◆ ひたひたに水をはったボウルに乾燥わかめを入れ、15分置いて戻します。キャセロール鍋にだしを入れて煮たたせます。豆腐を角切りに、葉玉ねぎを小口切りにします。別のボウルにみりんと麦味噌を入れます。泡立て器で味噌を溶かします。これをだしの鍋に加え、よく混ぜ、また煮立たせます。

◆ 味噌を加えただしを4つのお椀に注ぎます。戻したわかめ、葉玉ねぎ、豆腐を均等にお椀に分け入れます。熱々で頂きます。

注：味噌汁に花のつぼみなどの飾り野菜を添えてもよいでしょう。

オムライス・ワルツ

ふんわりオムレツ、トマト風味のカレーソース添え

レベル:2

1人分
準備時間:15分
調理時間:15分

材料

ソース:
- 植物油大さじ1
- 小麦粉大さじ1
- 醤油50ml
- 料理酒50ml
- カレー粉小さじ1
- ガラムマサラ小さじ1
- 生姜(みじん切り用)1cm
- ニンニク(みじん切り用)1片
- 蜂蜜小さじ1
- トマトペースト大さじ1
- 塩小さじ1
- 野菜のブイヨンまたはだし200ml

ライスソテー:
- 葉玉ねぎ1本
- マッシュルーム(大)2個
- ひまわり油またはグレープシードオイル
- ご飯(炊飯済み)150g
- 醤油大さじ2
- みりん大さじ1
- 柚子コショウ小さじ1

オムレツ:
- 卵3個
- 塩たっぷりひとつまみ
- バター 20g

- 生クリーム
- ミニトマト2個
- バジル

◆ ソースの準備をします。キャセロール鍋に油を入れ、中火で熱します。油が温まったら、小麦粉を加え、よく混ぜて20秒ほど炒めたら火を止めます。醤油と料理酒を加えて混ぜ、ペースト状にします。次に材料リストの順番通りにソースのほかの材料を加えたら、ソースの準備の完了です。ほかの作業をする間、ソースはごく弱火で温めておきます。

◆ ライスソテーの準備をします。葉玉ねぎの緑と白の部分をみじん切りにします。マッシュルームは少し濡らしたキッチンペーパーで汚れをふき取り、5mmのあられ切りにします。

オリジナル料理

久岐忍

オムライス・ワルツ

久岐忍のオリジナル料理。柔らかなたまごがソースの舞台で踊り出し、はんなりと舞う袂が甘くふわりとしたご飯を包む。烏有亭の料理人にも劣らぬ一品を作れるなんて、さすが忍。料理人の資格を持っているだけある!

◆ フライパンに油を少量ひき、中火で熱します。マッシュルームと葉玉ねぎを加えて3 ～ 4分炒めます。次にご飯を加えてほぐしながら炒め、醤油、みりん、柚子胡椒を加えて全体をよく混ぜます。火を少し強めて2分炒めた後、大きなボウルに移しておきます。

◆ オムレツの準備をします。ボウルに卵を入れ、泡立てないよう軽く溶き、お好みで塩を加えたら、少し置いておきます。フライパンにバターを入れて中火にかけ、バターが完全に溶けたら、先ほどの卵を流し込み、すぐに数秒かき混ぜます。菜箸でオムレツを渦巻きのような形にします。まず、菜箸を卵の中心に垂直に立てて、オムレツが渦巻きを作るよう軽くひねります。もう片方の手でフライパンを逆方向に90度回転させ、大きくひねり、オムレツを独特な形に仕上げます。

◆ 盛り付けをします。ボウルにご飯を詰め、皿にひっくり返してドーム型にします。ご飯の上にオムレツをのせ、ソースをかけます。ソースに少し生クリームをかけるとまろやかさと滑らかさが加わります。ミニトマト、バジルを添えたら完成です。

唯一の真相

卵とじのカツ丼

レベル：1

1人分
準備時間：15分
寝かせる時間：1時間
調理時間：10分

材料

豚カツの肉と下味：
豚のエスカロップまたは骨付きロース（小）か、七面鳥のエスカロップ（チキンカツ用のもの）1枚
赤味噌大さじ1
醤油大さじ1
ごま油大さじ1
みりん小さじ1
塩小さじ1

衣：
卵黄1個分＋全卵1個分
小麦粉大さじ4
細粒パン粉またはパン粉
グレープシードオイル1000ml

卵とじとたれ：
飾り用の三つ葉
葉玉ねぎ 1本
ひまわり油
醤油大さじ1
米酢またはリンゴ酢小さじ1
卵1個
和風マヨネーズまたは自家製ケチャップ小さじ1　※料理のコツ（P.177〜178）を参照

ご飯（炊飯済み）200〜250g

◆ トンカツの準備をします。ボウルに下味の材料をすべて入れ、均一になるようによく混ぜます。肉をその中に入れ、しっかりと下味を付けます。ぴったりラップをかけて冷蔵庫で1時間寝かせます。下味は1時間に1mmのペースで肉に浸み込むので、肉にしっかり味をつけたい場合は寝かせる時間を長くとりましょう。

オリジナル料理

鹿野院平蔵

唯一の真相

鹿野院平蔵のオリジナル料理。トロトロの卵の上に黄金色のジューシーなトンカツが乗っており、たまらない香りを放っている…急いで完食すると、なぜか秘密を打ち明けたい気持ちになってしまう。これはまさか、平蔵の秘密兵器なのだろうか？

◆ 肉を取り出し、肉の縁に1cmの切り込みを2cm間隔で入れます。ベーキングペーパーを上に敷き、麺棒で平らにします（押しつぶさないよう注意します）。次に、衣の準備をします。深皿に卵1個と卵黄を入れてよく混ぜます。別の皿に小麦粉を、さらにもうひとつの皿にパン粉を入れます。肉を小麦粉、卵、パン粉の順に付け、次にもう一度卵とパン粉をつけます。

◆ キャセロール鍋に油を入れ、170℃に熱します（キッチン温度計で温度を確認します）。火傷しないよう注意しながら、パン粉をまぶした豚肉を熱い油に入れ、片面を2分、裏返してさらに2分揚げます。揚げたトンカツをトングで取り出し、キッチンペーパーの上に置き、パン粉をまぶす前に入れていた切り込みを目安にカットしていきます。

◆ 葉玉ねぎのたれと卵とじの準備をします。葉玉ねぎを水で洗い、根を取り除き、薄切りにします。小さめのフライパンにひまわり油を少量入れ、中火で熱します。フライパンが温まったら、醤油と酢を加えてよく混ぜ、薄切りにした葉玉ねぎを加えて2分煮ます。その上に揚げた豚カツをのせます。別のボウルで卵を軽く溶き、たれと豚カツにかけ、蓋をして1分ほど温めまたら、フライパンを火から下ろします。

◆ 丼に温かいご飯を盛り、その上にカツをのせ、卵とじとたれをかけます。彩りに三つ葉を散らし、和風マヨネーズや自家製ケチャップを和えて食べます。

常勝伝説

オリジナル豚骨ラーメン

> レベル:3

ラーメン4人分（4杯）
準備時間:**45分**
調理時間:**5時間45分**
寝かせる時間:**12時間**（煮込みチャーシュー）

材料

豚骨スープ：
豚骨1kg
水4000ml
粗塩20g

ニンニクと生姜の香味油：
生姜3cm
ニンニク1片
植物油100ml

味玉：
卵4個
チャーシュー煮汁おたま2杯

チャーシュー：
皮付き豚バラ肉（糸で丸めて縛る）600g
エシャロット4個
ニンニク2片
生姜2cm
醤油150ml
料理酒250ml
みりん250ml
ブラウンシュガー75g
ミネラルウォーター 350ml

メンマ40g
中華麺320g
青ねぎ（小口切り）2本
ガリ（生姜の甘酢漬け）4枚

注：この料理は準備に時間がかかります。さらに美味しく仕上げたい場合、スープとチャーシューを前日に仕込んでおくことをおすすめします。このゴローのオリジナル料理では抜き型を使うなど、さまざまなアイデアを駆使して盛り付けましょう。

◆ まず、豚骨スープを作ります。圧力鍋に豚骨、水、粗塩を入れ、しっかりと蓋を閉めておもりをセットし、中火にかけます。蒸気が出始めてから1時間45分煮込みます。煮込み終わったら、蒸気を抜き、スープをこし、脂がのったコクのある液だけを残します。

◆ 香味油の準備をします。生姜を洗って水気を切り、薄くスライスします。ニンニクも皮をむいて薄くスライスします。小さめのキャセロール鍋に植物油を注ぎ、80℃まで加熱して（キッチン温度計で温度を確認します）、ニンニクと生姜を入れ、焦がさないように2分揚げ焼きにし、焼き色が付いたら火から下ろします。香りの移った油が冷めたら、ニンニクと生姜のスライスごと密閉容器に入れ、使用するまで保存しておきます。

オリジナル料理

ゴロー

常勝伝説

ゴローのオリジナル料理。高く積み上げられた具は、彼の気持ちと同じように心が動かされる。麺とスープを一気に食し、膨らんだお腹をさすりながらそばにいるゴローを見ると…満面の笑みを浮かべ、しっぽを軽く振っていた。おそらく、本人も気づいていないだろう…

◆ チャーシューの準備をします。エシャロットの皮をむき、粗く刻みます。ニンニクと生姜は皮ごと潰します。豚バラ肉以外のチャーシューの材料をすべて小さな鋳鉄製ココット鍋（直径18cm程あれば十分です）に入れます。

◆ オーブンを150℃に予熱します。ココット鍋を中火にかけて軽く沸騰させたら、完全に煮汁に浸るように豚バラ肉を入れます。ココット鍋に蓋をしてオーブンにかけます。1時間半たったら、温度を130℃に下げ、途中で肉を裏返しながら4時間加熱し続けます。

◆ 圧力鍋を使用する場合は、煮汁を中火にかけ、軽く沸騰させた後、豚バラ肉を入れます。しっかりと蓋を閉め、おもりをセットし、蒸気が出始めてから1時間30分煮込みます。これでチャーシューは食べられる状態になります。ハムのようにスライスする場合は、一度常温に冷ましてからココット鍋ごと冷蔵庫に入れ、最低でも12時間冷やして使用してください。

◆ 味玉の準備をします。キャセロール鍋でお湯を沸かし、卵を6分間茹でます。この間に容器に氷水をはっておき、茹でた卵を氷水に入れて冷やします。卵は半熟状態で、卵白は固まっていて卵黄はとろりとしているはずです。殻は水の中で直接むくと剝がしやすいです。殻をむいた卵は冷ましたチャーシューの煮汁に水を入れた小さな密閉容器に入れて浸し、蓋を閉め、少なくとも30分間漬け込みます。

◆ 豚骨スープを軽く沸騰させます。

◆ 麺を茹でる前に、盛り付ける具材がすべて準備できているか確かめておきましょう。

◆ 味玉を煮汁から取り出します。よく色が付いていれば味が染み込んでいる証拠です。メンマを用意し、チャーシュー1人前2枚を薄くスライスします。香油も準備します。

◆ 水2000mlを沸かし、麺を入れます。茹で時間は商品パッケージに記載された指定の時間に従います。茹であがったらざるにあけて湯を切り、水で軽く洗い流し、ぬめりを落とします。（本来、麺は1人前ずつ別々に茹でることが望ましいとされています。）

◆ 次に以下の手順で丼の盛り付けを行います。まず、丼にたっぷりと豚骨スープを注ぎ、香味油小さじ1を加えます。次に麺を入れます。そして、まるごと1個または半分に切った味玉、チャーシュー、メンマ、刻みねぎをのせ、最後にお好みでガリやきくらげを添えます。これで豚骨ラーメンが完成しました。すぐに頂きます。

オリジナル料理

九条裟羅

永遠なる信仰

九条裟羅のオリジナル料理。料理というより、甘味と言った方が正しい。甘くてふわとろな食感は裟羅本人の好みには合わないようだ。待って、この上の印…「あの方」と関係あったりして…?

永遠なる信仰

だし巻き卵

レベル:1

取り分け用だし巻き卵1本 ・ 準備時間:5分 ・ 調理時間:8分

材 料

新鮮な卵3個
水大さじ2
鰹だし(粉末)小さじ1
醤油小さじ1
蜂蜜小さじ1
塩ひとつまみ
みりん小さじ1
料理酒小さじ1
植物油大さじ1

◆ まず、ボウルに卵を割り入れ、植物油以外の材料をすべて入れ、泡立てながら全体を混ぜあわせます。

◆ だし巻き卵の調理法はクレープによく似ています。小さめの角型のフライパンにキッチンペーパーを使って植物油を塗ります。余分な油はキッチンペーパーでふき取ります。中火で熱し、¼量の卵液をフライパンに流し入れ、薄く均一に広げます。気泡ができそうになったら、つついて潰します。少し焼いたら卵を手前に巻いていき、フライパンの端に寄せます。フライパンの空いた部分にまたキッチンペーパーで油を塗り、残りの1/3量の卵液を流し入れ、巻いた卵を少し持ち上げて、その下にも卵液が流れ込むようにします。この部分が「接着剤」の役割を果たします。気泡を刺し潰しながら焼いて、また卵を巻いて重ねます。卵生地がなくなるまでこの作業を繰り返します。

◆ 温かいうちに頂き、だし巻き卵の軽やかさと旨味を味わいます。

ラズベリー水まんじゅう

ピーナッツ風味の和菓子

レベル：1

4人分（8個）・準備時間：**10分**・調理時間：**6〜7分**・寝かせる時間：**4時間**

材　料

ピーナッツクリーム80g
くず粉24g
砂糖45g
水200ml

◆ まず、餡の準備をします。ティースプーンでピーナッツクリームを10gずつ、8個分を取り分けます。それぞれを手のひらで丸めボール状にします。これを皿に並べ、冷蔵庫で冷やしておきます。

◆ 透明な生地の準備をします。小さめのキャセロール鍋にくず粉と砂糖を入れてよく混ぜます。水50mlを加え、均一になるまで混ぜます。残りの水を少しずつ加えながら混ぜます。鍋を中火にかけ、木べらまたはシリコンスパチュラで絶えずかき混ぜながら、6分熱します。気泡が出たら、すぐに鍋を火から下ろします。出来上がった生地を注ぎ口のある容器に移し、シリコン製のアイスキューブトレイ（または水まんじゅう用の型）の8つの仕切りの中に半量ずつ流し込みます。それぞれの仕切りのまん中にピーナッツクリームのボールを置き、その上に生地を覆うように注ぎます。

◆ 生地はすぐに固まるので、固まった場合はすぐに湯煎にかけて温め、もう一度柔らかくしてください。

◆ アイスキューブトレイにぴったりとラップをし、冷蔵庫で4時間冷やします。

◆ 冷やし終えたら、トレイから水まんじゅうを取り出して、お菓子用の小皿に1人前2つずつ盛り付けて頂きます。

ラズベリー水まんじゅう

透き通ったお菓子。きれいな真ん丸で、まるで水を集めてお皿にのせたようだ。透き通った皮の中に真珠のように輝く餡があり、暑い日に眺めるのも一興。頬張れば、口の中に優しい甘さが広がり、嫌な気持ちも消えてしまう。

三色団子

もちもちとした弾力のあるお菓子。つやつやのお団子は、まるで花に置かれた朝露のよう。口に入れれば、口の中が満開の花園になったように花の香りで満たされる。お花見の時に食べれば幸せな気持ちになり、その年が目の前を舞う花のように華やかなものになるような気がする。

三色団子

豆腐と抹茶のお菓子

レベル:1

串16本分 ・ 準備時間:15分 ・ 調理時間:15分

材料

木綿豆腐250g
もち粉160g
食用色素（ピンク）小さじ1
抹茶（デザート用）小さじ1

◆ 団子の生地の準備をします。豆腐をボウルに入れ、手でペースト状にするか、潰します。もち粉を加え、滑らかで、絹のような生地になるまで3分間よくこねます。

◆ 生地を3つのボウルに均等に分けます。そのうちのひとつにピンクの食用色素を加え、もうひとつのボウルに抹茶を加えます。着色した2種類の生地を、それぞれさらに3分間こねます。

◆ 指先で少量の生地を取り、手のひらで丸めて団子の形を整えます。生地がなくなるまで同じ工程を繰り返します。

◆ 氷水をたっぷりはっておきます。鍋いっぱいのお湯を沸騰させ、団子を入れて、5分茹でて表面に浮き上がってきたら穴杓子で取り出し、すぐに氷水に浸して冷まします。これを繰り返して団子をすべて茹でます。団子が冷えたらざるにあけて水を切り、3色の団子をひとつずつ木の串に刺していきます。

◆ あとは頂くだけです。伝統的なみたらしタレを付けても美味しいでしょう。

「紅炉一点雪」

あんこ入り桜餅

レベル：1

餅12個分 ・ 準備時間：25分 ・ 調理時間：6分 ・ 寝かせる時間：20分

材料

小豆のあんこ180g

餅生地：
水250ml
砂糖100g
もち粉250g
小麦粉（打ち粉）
食用色素（ピンク）2g
桜の葉の塩漬け12枚

◆ まず、あんこを12等分に分け、手のひらで細長い筒状に形を整えます。皿に並べ、冷蔵庫で冷やしておきます。

◆ 次に、餅生地の準備に進みます。キャセロール鍋に水と砂糖を入れて中火にかけ、シロップを作ります。約4分加熱して砂糖が溶けたら、火から外します。

◆ ボウルにもち粉を入れ、食用色素を加えて混ぜあわせます。これをシロップに加え、柔らかいへらで混ぜて生地を作ります。鍋を再び弱火にし、2分間かき混ぜます。火から下ろし、少なくとも20分間冷まします。ゴムべらや固いへらを使って生地を鍋から取り出し、小麦粉の打ち粉をした作業台に移します。手にも小麦粉をまぶし、生地をしばらくこねます。生地を平らに伸ばし、ナイフの先や正方形のクッキー型などで、厚さ2mm、一辺8cmの正方形の生地を12個作ります。残りの生地で、正方形の生地を包み込めるぐらいの大きさの、丸い生地を12枚作ります。

◆ 冷やしていた筒状のあんこ生地を正方形の生地の上に乗せ、丸い生地で包みます。

◆ 桜の葉の塩漬けを餅にそっとのせて頂きます。

オリジナル料理

神里綾華

「紅炉一点雪」

神里綾華のオリジナル料理。まるで小さく可愛らしい工芸品のようだ。薄紅色の衣を纏うそれは、秘めた乙女心を象徴している。白鷺の如く優雅な姫君とお茶を楽しめたなら、時間を永遠に止めたいという欲張りな考えが生まれるかもしれない。

紫苑雲霓

一風変わったドリンク。モンドのドドリアンと稲妻のスミレウリ、喉越しのよいミルクと果物の爽やかな香りが海と山を越えて巡り合い、今までにない清々しさを感じさせてくれる。小説の中で、これを飲んだ将軍様が元気になったのも頷ける!

紫苑雲霓

紫山芋風味バブルティーラテ

レベル:1

1人分 ・ 準備時間:10分 ・ 調理時間:10分

材料

タピオカパール20g
アーモンドミルク150ml
紫山芋パウダー(ウベパウダー)150g
水250ml
紅茶ティーバッグ1袋
蜂蜜大さじ1
キューブアイス数個

ミントの葉数枚

◆ バブルティーのタピオカパールの準備をします。大きなボウルに氷水をはります。キャセロール鍋に水を沸騰させ、タピオカパールを入れて2~3分間茹でます。タピオカが水面に浮いてきたら完了です。浮いているタピオカを穴杓子ですくい、氷水に2分間浸けます。その間にラテの残りの準備をします。

◆ キャセロール鍋にアーモンドミルクと紫山芋パウダーを入れ、中火で温めながらとろみが出るまで混ぜます。とろみが出たら、鍋を火から下ろします。

◆ 別の鍋で水を沸騰寸前まで沸かし、ティーバッグを入れます。火から外して5分間抽出したら、紅茶をこし、さきほどの紫山芋パウダーを入れたアーモンドミルク、蜂蜜、キューブアイスと一緒にシェーカーに注ぎ入れます。シェーカーの蓋を閉じ、15秒間ほどしっかりふり、ミルクを冷やします。

◆ 大きなグラスに注いで完成です。

注:花や、ミントやシソなどの香りのよいハーブを添えてもいいでしょう。

お好み焼き

伝統的お好み焼き

レベル：1

4人分 ・ 準備時間：15分 ・ 調理時間：10分

材 料

小麦粉200g	青ねぎまたは長ねぎ2本
卵3個	マッシュルーム6個
塩5g	ベーコン4枚
水50ml	ひまわり油またはグレープシードオイル
鰹だし（粉末）大さじ1	
醤油大さじ2	**トッピング：**
みりん大さじ1	自家製お好みソース
白味噌小さじ1	※料理のコツ（P.177）を参照
白菜の葉6枚	自家製和風マヨネーズ
	※料理のコツ（P.178）を参照
	青のり
	鰹節（削り節）

◆ お好み焼きの生地を作ります。ボウルに小麦粉、卵、塩を入れてよく混ぜます。混ざったら水、鰹だし、醤油、みりんを加えます。お湯20mlで味噌を溶かし、生地に混ぜます。

◆ 白菜とねぎを洗って細かく刻み、マッシュルームも刻みます。これらの材料をお好み焼きの生地に混ぜ込みます。

◆ ベーコンは短冊切りにします。フライパンに多めの油を入れて中火で熱し、ベーコンを入れ、1分30分炒めて焼き色が付いたらお好み焼きの生地を流し入れます。蓋をして中火で5分焼き、裏返してさらに2分間よく焼きます。大皿に取り、盛り付けをします。

◆ 出来上がったお好み焼きに、お好みソースと和風マヨネーズをバランスよくかけます。青のりを散らし、最後に削り節をかけて完成です。

お好み焼き

鉄板で焼き上げた食べ物。さまざまな食材が層をなし、外はカリッと、中はふわっと仕上がっている。絹のように滑らかな舌触りのソースの衣を着せれば、口からお腹へするりと滑り込む。空間に残った香りも忘れられない美味しさの一部だ。

魚とダイコンの煮込み

魚とダイコンの煮込み

栄養バランスが良い料理。極寒の海の荒波と雷の試練を潜り抜けた魚は鍋に飛び込み、ダイコンと共にうま味たっぷりのスープを吸って、皿に流れ着いた。ほのかな甘みは、氷に覆われた地でゆらめく篝火のように心を奮い立たせてくれる。

魚とダイコンの煮込み

鯖と黒ダイコンの煮込み

レベル:1

4人分 ・ 準備時間:15分 ・ 調理時間:30分

材料

黒ダイコン(小)1本
玉ねぎ1個
鰹と昆布のだし750ml　※料理のコツ(P.181)を参照
醤油大さじ2
みりん大さじ1
鯖の切り身(下処理・おろし済みのもの)4枚
ご飯(炊飯済み)4人分

◆ まず、ダイコンの皮をむき、縦に半分に切ってから、厚さ2cmのぶつ切りにします。玉ねぎは皮をむいてみじん切りにします。

◆ 鍋にだし汁を煮立たせ、醤油とみりんを入れます。黒ダイコンを加えて蓋をし、20〜25分煮込みます。鯖を均等な大きさに切り、そっと煮汁に加えます。さらに5分煮込んだら、火から下ろします。

◆ 鯖とダイコンを4つのお椀に分けて盛り付け、煮汁を少量注ぎます。温かいご飯と一緒に頂きます。

五宝漬物

野菜の漬物

レベル：1

4人分 ・ 準備時間：15分 ・ 調理時間：5分 ・ 寝かせる時間：12時間

材料

昆布だし2000ml　※料理のコツ（P.181）を参照
塩80g
ニンジン2本
黒ダイコン1本
バタビアレタス数枚
玉ねぎ1個
中国ナス1本

◆ キャセロール鍋にだしを注いで中火にかけ、塩を加えます。

◆ ニンジンと黒ダイコンの皮をむきます。バタビアレタスをよく洗い、水気を切ります。玉ねぎの皮をむき、半分に切ります。中国ナスを輪切りにします。

◆ 輪切りにしたニンジン、黒ダイコン、中国ナスを別の瓶に入れて、香りづけのために玉ねぎを三等分してそれぞれの瓶に加えたのち、だしを注ぎます。おもしを使い野菜が完全に漬かるようにします。瓶の蓋を閉め、冷蔵庫に少なくとも12時間置いてから頂きます。

五宝漬物

野菜の漬物。発酵させることで、食材の自然な甘みに一風変わった風味を加えたもの。シャキシャキとした食感も特徴の一つである。ごはんをさらに美味しく食べることができ、お酒に合うお供でもある。まさに五宝という名に相応しい料理だ。

スメール

テイワット大陸の中西部に位置する学術の街。

生い茂る雨林と不毛な砂漠が同時に存在する不思議な国。
無数の知恵の果実がここで育ち、そして埋もれていく。
森を抜けて学術の街の階段を登る者も、砂漠に足を踏み入れ
赤い砂の遺跡を掘る者も——遠方より訪れし旅人は皆、
ここで貴重な知恵を得ることができる。

スメールでの食事

スメールへようこそ！ ここはテイワットでも知識と知恵、味わい深い料理が評判の国です。
スメール料理はさまざまなスパイスやハーブを駆使し、独特でバランスの取れた風味を生み、その繊細さで際立っています。「ランバド酒場」はぜひ訪れてみる価値があります。

オルモス港

スメールシティ

ランバド酒場

プスパカフェ

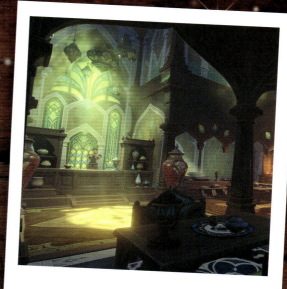

ランバド酒場

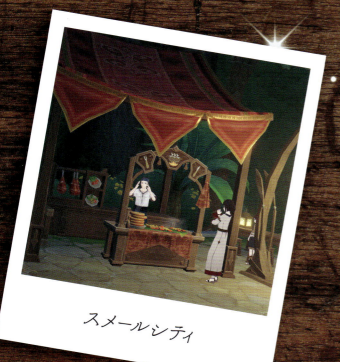

スメールシティ

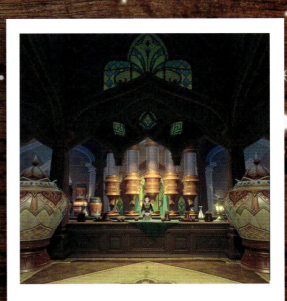

プスパカフェ

サモサ

肉と野菜の包み揚げ

レベル：1

6個分 ・ **準備時間：15分** ・ **調理時間：6分**

材料

牛ひき肉240g	唐辛子粉5g
卵1個	醤油大さじ1
パン粉大さじ1	ミントの枝数本
牛乳大さじ1	パクチーの枝数本
塩4g	ブリック生地3枚
クミンパウダー 5g	揚げ油またはグレープシードオイル1500ml
カレー粉4g	カレーとパクチーのマヨネーズ
	※料理のコツ（P.178）を参照

◆ まず、ひき肉、卵、パン粉、牛乳、塩、スパイス類、醤油をボウルに入れます。次に、ミントとパクチーをみじん切りにして加え、具が均一になるよう、よく混ぜあわせます。この餡を6等分し、両手でキャッチボールをするように、何度か手のひらに打ちつけて、餡の密度を高めます。こうすることで肉が包みの中にしっかりと収まります。

◆ 皮を作ります。作業台にブリック生地を1枚広げ、半分に切ります。切った餡に具をひとつのせます。内側の縁を濡らし、生地をしっかりと閉じます。残りの生地と餡でも同じ手順を繰り返します。

◆ 鍋に油を入れ、170℃になるまで熱します（キッチン温度計で温度を確認します）。キッチンペーパーを数枚用意します。油が170℃になったら、サモサを6分間揚げ、取り出してキッチンペーパーに置きます。

◆ 小皿にサモサを盛り付け、カレーとパクチーのマヨネーズを添えます。

サモサ

油で揚げた軽食。サクサクな黄金色の皮は柔らかい餡をふっくらと包み込んでいる。一個目はがつがつ食べて、二個目はゆっくり味わう…いつの間にかその美味しさに魅了されていたらしく、うっとりしながらまた手を伸ばした時、お皿の上にもう何もないことに気づいた。

タンドリーチキン

スメール独自の鳥肉料理。踊る火花が鳥肉のうま味を真っ赤な皮の中に閉じ込めており、一口かじれば豊かな風味が口いっぱいに広がる。舌の上では鳥肉が、香辛料のリズムに合わせてミステリアスなスメールのダンスを披露し、食べた人をお祭りの宴会場にいるような気分にさせてくれる…。

タンドリーチキン

香辛料とヨーグルト風味のチキン

レベル：1

1人分（1羽）・準備時間：**15分**・寝かせる時間：**3時間**・調理時間：**45分**

材料

タンドリーチキン：
縛った鶏（1.2kg）1羽
ケフィアヨーグルト750ml
クミンパウダー小さじ1
唐辛子粉小さじ1
カレー粉小さじ1
ジンジャーパウダー小さじ1
ガーリックパウダー小さじ1

塩小さじ1
食用色素（赤）小さじ1

ヒラタケ2株
クミン小さじ1
ターメリック小さじ1
フルール・ド・セル
オリーブオイル

◆ まず、鶏に下味を付けます。味を染み込みやすくするため、鶏に切り込みを入れます。大きな容器に下味用の材料をすべて入れてよく混ぜ、鶏肉を浸します。ラップで密閉し、冷蔵庫で3時間以上寝かせます。

◆ オーブンを180℃に予熱します。ヒラタケを房から分け、ボウルに入れます。クミンとターメリックをふり、フルール・ド・セルで味を調え、オリーブオイルを1かけしてよく混ぜます。クッキングシートを敷いた天板にキノコを並べます。

◆ オーブンの一番下の段に、鶏肉から出る肉汁を集めるためのドリップパンをセットします。鶏肉を網にのせて中段で30分焼きます。ひっくり返してさらに10～15分焼き続けます。ここでキノコが入った天板を鶏肉の下に置いて、肉汁がかかるようにして、さらに15～20分間加熱します。

◆ オーブンから取り出し、キノコと一緒に鶏肉をまるごと盛り付けます。自家製ヨーグルトソースを添えるのもよいでしょう。

ミントビーンスープ

グリーンピースとフレッシュミントのヴルーテ

レベル：1

4人分 ・ 準備時間：10分 ・ 調理時間：10分

材料

生エンドウ豆250g
ジャガイモ（マッシュポテト用）1個
ミント1束
水または野菜のブイヨン500ml
生クリームまたはココナッツミルク200ml
塩
盛り付け用クルトンとフレッシュミント
氷（冷製の場合）

◆ 生エンドウ豆を洗います。ジャガイモの皮をむき、細かい賽の目切りにします。ミントを洗って水気を切り、葉を茎から切り離します。

◆ キャセロール鍋に野菜とミントを入れ、水を加えて煮立たせます。ジャガイモとエンドウ豆を柔らかくなるまで、7〜8分間煮ます。

◆ キャセロール鍋を火から下ろし、茹でた食材をハンドブレンダー、あるいはブレンダーで撹拌します。その際、生クリーム（またはココナッツミルク）150mlを加えてまろやかにします。好みにより、軽く塩を加えます。

◆ このヴルーテ（ポタージュ）を深皿に入れ、生クリーム（またはココナッツミルク）で細い線を描き、クルトンとミントの葉を数枚トッピングして完成です。

注：冷製にする場合、ブレンダーに氷を入れて、20秒間撹拌して冷やしてください。

ミントビーンスープ

シンプルな材料で作った濃厚なスープ。とろりとしたスープからは、豆の香りが漂ってくる。口当たりは滑らかで、爽やかなミントの香りがする。素朴で心安らぐ味は、まるで涼しい木陰を散歩しているような気分にさせてくれる。シンプルな幸せを味わおう。

パニプリ

ポテトとひよこ豆のフライドボール　緑のソース添え

レベル：1

4人分
準備時間：30分
寝かせる時間：1時間
調理時間：30分

材料

緑のソース：
オリーブオイル80ml
水50ml
フレッシュパクチー½束
フレッシュミント½束
生姜（厚さ4mmのスライス）1枚
葉玉ねぎ1本
唐辛子2本
キューブアイス（大）4個
フルール・ド・セル5g

パニプリ：
細挽きセモリナ粉120g
小麦粉250g
塩5g
オリーブオイル大さじ2
ぬるま湯120ml
グレープシードオイル1500ml

具：
ジャガイモ（マッシュポテト用）3個
粗塩30g
エシャロット2個
フレッシュパクチーの葉数枚
赤インゲン豆（調理済み）50g
パプリカパウダー小さじ1
クミン小さじ1
カレー粉小さじ1
塩5g
コショウ2g
オリーブオイル40ml
ひよこ豆（水煮）50g
飾り用ミントの葉とパクチーの葉数枚
小麦粉（打ち粉用）

パニプリ

ソースを付けて食べる軽食。スライムのように丸いパニプリに、鮮やかな色をした不思議なソースをたっぷり付けて口に放り込めば、清涼感とピリッとした刺激、そして酸味が一瞬にして舌の上で炸裂し、夢のような衝撃を与えてくれる。この食べ物に夢中になるスメール人がいることにも納得だ…。

◆ まず、緑のソースの準備をします。ブレンダーのボウルに材料をすべて入れ、30秒ほど高速で撹拌し、濃厚で風味のある緑のソースを作ります。好みにより、そのままでも、薄めて使用しても結構です。盛り付け直前まで蓋をして冷蔵庫で冷やしておきます。

◆ 次にパニプリ生地の準備をします。ボウルに、セモリナ粉、小麦粉、塩、オリーブオイルを入れてよく混ぜあわせます。ぬるま湯を加え、5〜7分しっかりこね、固く滑らかな生地を作ります。生地にぴったりとラップをし、冷蔵庫で1時間寝かせます。

◆ 具の準備をします。ジャガイモを洗い、水3000mlと粗塩を入れたキャセロール鍋に入れます。沸騰させ、25分間茹でて芯まで火を通します。茹でている間にエシャロットの皮をむいてみじん切りにし、ボウルに入れます。パクチーも細かく刻み、ボウルに加えます。

◆ 茹であがったらジャガイモをざるにあけて水を切り、皮をむいてボウルに入れます。赤インゲン豆、パプリカパウダー、クミン、カレー粉、塩、コショウを加え、マッシャーで粗めに潰します。オリーブオイルを加えてよく混ぜ、ひよこ豆を加えたら具の完成です。

◆ キャセロール鍋にグレープシードオイルを入れ、150℃に熱します（キッチン温度計で温度を確認します）。

◆ 冷蔵庫からパニプリ生地を取り出し、3分ほどこね直します。作業台と麺棒に打ち粉をし、生地を厚さが2mmになるまで伸ばします。直径6~10cmの円形の型で、生地を小さな円盤状に切り出します。これを熱くなった油に入れ、両面を2分間ずつ揚げて膨らませます。揚げ終ったら、取り出してキッチンペーパーに並べます。

◆ ペティナイフの先を使って膨らんだパニプリに穴を作り、中に具を詰めます。

◆ パニプリの上にミントとパクチーの葉を数枚飾り、緑のソースと一緒に頂きます。

憧れ

スパイシー子羊とフムスのピタパン

レベル：1

4人分 ・ 準備時間：20分 ・ 調理時間：3時間30分

材料

子羊：	フムス：
子羊の肩肉1kg	ひよこ豆（水煮）100g
塩（適量）	タヒニ（練りごまペースト）小さじ1
唐辛子ペースト小さじ1	塩1つまみ
オリーブオイル100ml	コショウ1つまみ
蜂蜜大さじ2	（お好みで）オリーブオイル大さじ1
クミン大さじ2	
	トマト1個
ヨーグルトソース：	紫玉ねぎ1個
ミントの葉数枚	ピタパン4枚
ギリシャヨーグルト300g	サラダ用野菜の葉4枚などお好みで
有機レモンの皮と果汁1個分	
オリーブオイル大さじ1	
塩5g	

◆ オーブンを140℃に予熱します。子羊の肩肉の表面全体に軽く塩をふり、置いておきます。ボウルに唐辛子ペースト、オリーブオイル、蜂蜜、クミン、塩を入れ、よく混ぜあわせ、これを子羊の肩肉にたっぷりと塗りつけます。肩肉をオーブン皿に入れて、3時間30分オーブンで焼きます。

◆ その間に、ヨーグルトソースの準備をします。ミントをみじん切りにし、ボウルに入れます。ソースの残りの材料を加えてよく混ぜたらソースの完成です。

◆ 次にフムスの準備をします。フムスの材料をすべてブレンダーのボウルに入れ、30秒ほど高速で撹拌し、滑らかなピューレを作ります。よりクリーミーにしたい場合、オリーブオイルでのばします。

◆ ピタパンの具の準備をします。トマトと紫玉ねぎをスライスします。焼きあがった子羊の肩肉を取り出し、細かくほぐします。

◆ ピタパンに具を詰めます。ピタパンをナイフで切り開き、内側にフムスとヨーグルトソースを塗り、子羊肉を詰めます。サラダ用野菜、トマトスライス1～2枚、紫玉ねぎを入れて頂きます。

オリジナル料理

コレイ

憧れ

コレイのオリジナル料理。ふっくらとした生地の中には、栄養価の高い具が詰め込まれている。持ち運びしやすく、食べ応えがある。中の肉の名前は「レンジャー焼き肉！」なのだと、コレイが補足してくれた。思わず赤くて元気なあの子の姿を思い出した…これはコレイの心の奥底に焼き付いている、美しい憧れなのだろう。

151

オリジナル料理

ドリー

モラ、早くいらっしゃい!

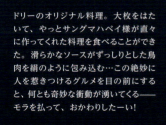

ドリーのオリジナル料理。大枚をはたいて、やっとサングマハベイ様が直々に作ってくれた料理を食べることができた。滑らかなソースがずっしりとした鳥肉を絹のように包み込む…この絶妙に人を惹きつけるグルメを目の前にすると、何とも奇妙な衝動が湧いてくる——モラを払って、おかわりしたーい!

モラ、早くいらっしゃい!

私流バターチキン

レベル:1

4人分 ・ 準備時間:20分 ・ 寝かせる時間:1～12時間 ・ 調理時間:30分

材料

鶏肉とマリネ液	ソース:
鶏モモ肉8枚	玉ねぎ2個
ニンニク4片	ニンニク2片
生姜2cm	バター 80g
ヨーグルト1kg	カシューナッツ 80g
唐辛子粉小さじ1	カットトマト250g
クミンパウダー小さじ1	生クリーム250ml
カレー粉小さじ1	カレー粉小さじ1
オリーブオイル大さじ1	クミンパウダー小さじ1
食塩小さじ1	フレッシュパクチー ½束
ガラムマサラ小さじ1	

◆ まず、鶏肉にマリネ液で下味を付けます。モモ肉を大きめに切り、ボウルに入れます。ニンニクの皮をむいて芯を取り、みじん切りにします。生姜も皮をむいて細かく刻みます。ニンニクと生姜、その他の下味材料をすべて鶏肉のボウルに加え、混ぜあわせます。肉を少しの間もみ込んでから下味のマリネ液にしっかり浸し、ぴったりラップをして冷蔵庫で1時間以上(最大12時間)寝かせます。漬け込む時間が長ければ長いほど、下味が染み込んで肉が柔らかくなり、風味豊かになります。

◆ 玉ねぎの皮をむいてスライスし、ニンニクも皮をむいて芯を取ったら、みじん切りにします。フライパンにバター 40gを入れて中火にかけ、溶けたら、下味の付いた鶏肉を入れ、各面を3分ずつ焼きます。焼き色が付いたらいったん鶏肉をフライパンから取り出して、かわりに玉ねぎ、ニンニク、カシューナッツを入れて2分炒めます。その後、カットトマトと生クリームを加え、カレー粉とクミンパウダーをふり入れ、よく混ぜあわせてから、中火で10分間煮ます。ソースを滑らかにするため、ハンドブレンダーでフライパンの中で直接撹拌するか、ブレンダーのボウルに移して30秒ほど十分に撹拌します。ブレンダーを使用した場合は、ソースをフライパンに戻し、鶏肉を入れます。パクチーをみじん切りにしてソースに加え、全体を混ぜあわせてさらに2分煮込み、残りの冷たいバターを加えてよく混ぜます。

◆ バターチキンを大皿に盛り付け、お好みでライス、パクチーの葉、生クリームを少し添えて頂きます。

シャワルマサンド

スパイシーローストチキンの薄焼きガレット

レベル：1

4人分 ・ 準備時間：20分 ・ 寝かせる時間：1〜12時間 ・ 調理時間：40分

材料

スパイシーローストチキン：
骨なし鶏上モモ肉8枚
食塩小さじ1
ニンニク2片
生姜2cm
ミント½束
ヨーグルト1kg
唐辛子ペースト大さじ1
カレー粉小さじ1
オリーブオイル大さじ1

トマト1個
紫玉ねぎ1個
フレッシュパクチー½束
レモンコンフィ1個
小麦のガレット4枚
マンゴーチャツネ4大さじ
サラダ用野菜の葉4枚などお好みで

◆ まず、鶏肉に下味を付けます。鶏肉を大きめの塊に切り、表面全体に軽く塩をふります。ニンニク、生姜、ミントをみじん切りにして、ボウルに入れます。ここに鶏肉を加え、ヨーグルト、唐辛子ペースト、カレー粉、オリーブオイルも加えて、ぴったりとラップをして冷蔵庫で1時間以上（最大12時間）寝かせます。

◆ オーブンを160℃に予熱します。冷蔵庫から鶏肉を取り出し、肉の切り身を押さえながら隙間なく金属の串に刺していきます。クッキングシートを敷いたオーブン用天板に並べ、40分焼きます。途中で肉を裏返します。

◆ 肉を焼いている間にトマトと紫玉ねぎを賽の目切りにします。パクチーをみじん切りにし、レモンコンフィを細かく刻みます。

◆ 焼きあがった鶏肉を串に刺したままスライスして、ジューシーにローストされた状態かを確認します。次に、シャワルマの具を包みます。作業台に小麦のガレットを1枚広げ、マンゴーチャツネ大さじ1を塗ります。ガレットのまん中にサラダ用野菜の葉を1枚置き、スライスした鶏肉、トマト、紫玉ねぎ、パクチー、レモンコンフィをのせます。ガレットを巻いたら完成です。残りの3枚も同じ手順を繰り返します。

シャワルマサンド

ローストした肉をたっぷり入れたシャワルマ。外はこんがり、中はジューシーに焼き上げた肉を香り高いスパイスが引き立て、みずみずしい野菜が口の中をさっぱりさせてくれる。薄くしっかりした皮でその美味しさを包み込めば、口に入れた瞬間、大満足！うっかりこぼした肉汁も惜しい！

155

ランバドフィッシュロール

ほのかに花の香りがする魚のグリル。夕焼けに染まる波のような黄金色の魚肉で、ローズの花びらを巻き上げた一品。花の香りを纏っており、「船乗りのロマン」と呼ばれているのも納得だ…も、もしかして…ランバドおじさんの冒険譚も、全部が嘘ってわけじゃないのかも？

ランバドフィッシュロール

二度焼き鱒のグリル　紫カリフラワーピューレ包み

レベル:1

4人分・準備時間:20分・調理時間:20分

材料

紫カリフラワーのピューレ：	魚：
粗塩40g	鱒切り身（魚屋で処理済み）2尾分
紫カリフラワー 1玉	塩50ml
ジャガイモ（マッシュポテト用）2個	オリーブオイル大さじ2
生クリーム50ml	スモークパプリカパウダー小さじ1
塩、コショウ	カレー粉小さじ1
バター 50g	グレープシードオイル

チャイブ数本
フレッシュパセリ
レモン1個

◆ まず、ピューレの準備をします。2000mlの水に粗塩20gを入れて沸騰させます。紫カリフラワーのつぼみを沸騰したお湯に浸し、柔らかくなるまで12〜15分茹でます。茹であがったらざるにあけて水を切ります。

◆ 水2000mlに粗塩20gを入れたキャセロール鍋にジャガイモを入れて沸騰させ、芯が柔らかくなるまで15〜20分茹でます。茹であがったら皮をむき、ボウルに移します。紫カリフラワーと生クリームを加え、全体を潰し、濃厚なピューレにします。好みで塩コショウをし、バターを加えて混ぜたらピューレの完成です。

◆ 魚の準備に移ります。身を切らないよう気を付けながら、シェフナイフで皮に切り込みを3cm間隔で入れ、皮目に軽く塩をふります。ボウルの中でオリーブオイルとスパイス類を混ぜ、これを魚全体に塗ります。

◆ グリルまたはグリルパンを中火で熱し、グレープシードオイルを少量注ぎ、オイルが熱くなったら、皮を下にして魚を置き、3〜4分間焼きます。

◆ 焼き上がったら、身を下にしてクッキングペーパーの上に移します。カリフラワーのピューレを魚にたっぷりとのせて慎重に丸めます。

◆ 焼けたフィッシュロール4つをそれぞれ小皿に盛り付けます。小口切りにしたチャイブを散らし、パセリと4つ切りのレモンを添えて頂きます。

カレーシュリムプ

車エビカレー

レベル：1

4人分 ・ 準備時間：15分 ・ 調理時間：10分

材料

生車エビまたは大きめのエビ24尾	レモン果汁1個分
塩	カレー粉大さじ1
葉玉ねぎ2本	ターメリック小さじ1
ニンニク2片	ガラムマサラ小さじ1
グレープシードオイルまたは澄ましバター 大さじ2	野菜のブイヨン400ml
カシューナッツ大さじ2	※料理のコツ（P.181）を参照
ココナッツクリーム250ml	フレッシュパクチー 1束
	バスマティライス（炊飯済み）4人分

◆ まず、生車エビの殻をむきます。尾は残しておきます。背ワタ（黒い内臓部分）を取り除き、軽く塩をふります。葉玉ねぎをスライスし、ニンニクは皮をむいて芯を取り、みじん切りにします。

◆ グレープシードオイルまたは澄ましバターを大きめのソテーパンに注ぎ、中火で熱します。葉玉ねぎを加えて5分間炒め、次にニンニクとカシューナッツを加えて1分間炒めたら車エビを加え、さらに1分炒めます。ココナッツクリーム、レモン果汁、スパイス類を加え、よく混ぜます。野菜のブイヨンを加え、混ぜあわせ、軽く沸騰させます。

◆ エビカレーができたら、大皿に盛り、フレッシュパクチーと茶碗に盛ったご飯を添えます。熱々で頂きます。

カレーシュリムプ

スメールの家庭料理。こっくりとしたソースは濃厚かつ繊細で、身が詰まった大ぶりなエビによく絡む。気が付いた時には、情熱あふれる料理の香りに鼻先をくすぐられていた。食欲がないときも、この料理があれば話は別かもしれない。

獣肉のビリヤニ

肉の香ばしい匂いがするビリヤニ。パティサラの花びらは点在するオアシスのように、長粒米と肉でできた黄金色の玉座に横たわる。香辛料の香りをまんべんなく身に纏った米は、一口食べるたびに色とりどりの風味で楽しませてくれる。あっという間に空っぽになったお皿を前にすれば、食通も最後の味を楽しもうと唇を舐めずにはいられない。

獣肉のビリヤニ

子羊肉とライスのスパイシー煮込み

レベル：1

4人分 ・ 準備時間：10分 ・ 調理時間：30分

材料

子羊の角切り肉600g	カシューナッツ60g
塩	シナモンスティック1本
玉ねぎ2個	八角1個
ニンニク2片	クミンパウダー小さじ1
フレッシュパクチー ½束	ガラムマサラ小さじ1
ひまわり油	ジンジャーパウダー小さじ1
またはグレープシードオイル大さじ2	コリアンダーシード小さじ1
バター 40g	バスマティライス（炊飯済み）320g
グリーンピース100g	野菜のブイヨン600ml
レーズン80g	エディブルパンジー

◆ まず、子羊肉に軽く塩をふります。玉ねぎの皮をむいてみじん切りにし、ニンニクは皮をむいて芯を取り、細かく砕きます。フレッシュパクチーはみじん切りにします。

◆ ココット鍋に油を入れて中火にかけ、バターを加えて溶かします。次に玉ねぎとニンニクを加え、2分炒めてから子羊肉を加えます。全体に焼き色が付くまで炒めます。グリーンピース、レーズン、カシューナッツ、そしてすべてのスパイスを加えてよく混ぜたら、バスマティライスで覆います。野菜のブイヨンをひたひたになるまで注ぎ、蓋をします。沸騰させて20分煮込み、ライスにスープを染み込ませます。炊き上がると、ライスは柔らかく香り豊かに仕上がります。塩で味を調え、盛り付けます。

◆ 大皿に盛り、お好みでエディブルフラワーとフレッシュパクチーを散らして頂きます。

注：バスティマライスは白米で代用できます。

バクラヴァ

ミックスナッツと蜂蜜のお菓子

> レベル：1

4人分 ・ 準備時間：15分 ・ 寝かせる時間：24時間 ・ 調理時間：30分

材料

皮むきアーモンド150g	シロップ：
皮むきピスタチオ（無塩）200g	水130ml
殻むきクルミ100g	砂糖50g
砂糖80g	蜂蜜70g
溶かしバター120g	オレンジフラワー水40ml
パートフィロ生地12枚	レモン果汁½個分
シナモンパウダー	

◆ まず、ミックスナッツを混ぜた生地を作ります。アーモンド、ピスタチオ、クルミをブレンダーのボウルに入れます。砂糖を加え、10秒ざっくり撹拌し、ざらざらとしたとろみを付けます。溶かしバター70gを加え、高速で撹拌したら具の完成です。

◆ オーブンを180℃に予熱します。長方形のグラタン皿の底にフィロ生地を6枚敷きます。フィロ生地それぞれに、料理用ハケで溶かしバターを塗り、シナモンパウダーを軽くふりかけます。ナッツの具をパートフィロ生地の上にのせ、しっかり押し固めます。残りのフィロ生地にも溶かしバターを塗りシナモンをふりかけてから、ナッツの具の上に重ねます。

◆ 次に、生地の左右を切って正方形に整えてから、30分間オーブンで焼きます。

◆ その間にシロップを作ります。キャセロール鍋に水と砂糖を入れ、砂糖が完全に溶けるまで中火で熱します。蜂蜜、オレンジフラワー水、レモン果汁を加えてよく混ぜ、わずかに沸騰させながら温めます。

◆ 完成したシロップをオーブンから出したお菓子にまんべんなく注ぎ、24時間置いたら完成です。

バクラヴァ

スメールの伝統的なデザート。ある学者が言った――スメール人は大きく二種類に分けることができる。一方は生きるためにデザートを食べる人、もう一方はデザートを食べるために生きている人だと――薄い層が重なったサクサクの生地と、骨にまで沁みわたるようなバターとハチミツの香り…これを味わってしまえば、誰もが後者の仲間入りをせざるを得ないだろう。

ナツメヤシキャンディ

ゴマとピスタチオのオリジナルお菓子

レベル：1

1人分 ・ 準備時間：10分 ・ 寝かせる時間：3〜4時間 ・ 調理時間：5分

材料

白ゴマ230g
皮むきピスタチオ（無塩）120g
グレープシードオイル（お好みで）
メープルシロップ140ml

盛り付け：
蜂蜜
皮むきピスタチオ（無塩）20g
皮むきヘーゼルナッツ20g

◆ まず、白ゴマを炒ります。白ゴマをフライパンに入れ、中火で2分〜2分30秒炒ります。香りだけを引き出し、色付かないよう注意します。炒った白ゴマをブレンダーのボウルに入れ、半量のピスタチオを加えて一緒に30秒間撹拌します。少し休ませた後、また30秒間撹拌します。滑らかでクリーミーな質感になるまでこの工程をくり返します。ペースト状にならない場合はグレープシードオイルを少しずつ加えて好みの質感に整えます。

◆ ペーストをボウルに移します。キャセロール鍋にメープルシロップを注ぎ、軽く沸騰させ、柔らかいへらまたは木べらでペーストに混ぜあわせます。残りのピスタチオを加えてしっかり混ぜあわせます。

◆ 長方形の容器にクッキングペーパーを敷き、中にペーストを詰めます。表面を平らにして冷蔵庫で3〜4時間冷やします。

◆ 出来上がったお菓子を長方形に切り分け、1皿に3個ずつ並べ、蜂蜜を小さじ1杯ずつかけます。砕いたヘーゼルナッツとピスタチオをお菓子に飾れば完成です。

ナツメヤシキャンディ

中身の詰まった砂糖菓子。ハチミツが口の中で溶け、中のナッツはビロードにくるまれた宝石のように、何層もの感動をもたらしてくれる。たった一口で、甘さは心の底まで染みわたり、ハチミツの瓶の中を泳いでいるような心地に…次はもっとたくさん作ろうっと。

オリジナル料理

レイラ

安眠へのデザイア

レイラのオリジナル料理。散らしたナッツは、静かな深い夜を飾る星々のよう。一口味わってみると…丸一日駆け回っていた体と心が、ふっと安らいだ。これをレイラに伝えると、彼女は嬉しさと残念さの入り混じる複雑な表情になった――「よ、よかった！うぅ…私にも効果があったら良かったんだけど。」

安眠へのデザイア

ラベンダーとバラのカスタードクリーム

レベル：1

4人分 ・ 準備時間：10分 ・ 寝かせる時間：30分 ・ 調理時間：10分

材 料

アーモンドミルク400ml
ラベンダーの茎8本
バニラビーンズ1本
食用色素（お好みのもの）
ローズウォーター大さじ1
卵黄4個分
粉砂糖65g
コーンスターチ40g
ヘーゼルナッツ20g

◆ キャセロール鍋にアーモンドミルクを注ぎます。ラベンダーの茎を加えます。バニラビーンズを割り、ペティナイフの先で種を取り出し、種と鞘をミルクの中に入れます。10分ほど浸したら、バニラの鞘とラベンダーを取り出します。香りの付いたミルクを弱火で温め、お好みで食用色素を1滴加えます。ローズウォーターを加え、湯気が立ち始めたら火から下ろします。

◆ ボウルに卵黄と粉砂糖を入れて完全に混ざるまで泡立て器でよく混ぜます。コーンスターチを加えてさらに混ぜ、滑らかなペーストを作ります。温めたミルクを少しずつ注ぎながら混ぜると、カスタードクリームがもうすぐ完成です。

◆ ペーストをキャセロール鍋に加えて中火にかけ、木べらでかき混ぜます。木べらの跡が残るほどクリームにとろみが付いたら、鍋を火から下ろします。丸口金を付けた絞り袋にカスタードクリームを入れ、冷まします。室温になったら、盛り付けまで冷蔵庫に入れておきます。

◆ ヘーゼルナッツを砕き、盛り付けの準備をします。

◆ 美しい容器やカップに、カスタードクリームをたっぷりと絞り出し、砕いたヘーゼルナッツを散らして頂きます。

マサラチーズボール

パイモンがあれこれ思い悩んだ末に改良したアランナラ料理だが――実はスメールで古くから流行していた調理法。独自の香辛料の使い方は素材そのものの味を活かし、ピリッとした刺激がより豊かな味わいを引き出している…外がカリカリ、中がとろとろのチーズボールが、あつあつでホクホクのポテトとよく合う。

マサラチーズボール

マサラソースのチーズボール

レベル：1

16個　・　準備時間：25分　・　調理時間：25分　・　寝かせる時間：30分

材料

マサラソース：	チーズボール：
紫玉ねぎ2個	ジャガイモ（マッシュポテト用）3個
ニンニク2片	粗塩30g
生姜2cm	エシャロット2個
ひまわり油またはグレープシードオイル	青唐辛子1本
カレーリーフ（オオバゲッキツの葉）2枚	イタリアンパセリの葉数枚
シナモンスティック1本	ガラムマサラ小さじ1
カルダモンシード5g	塩10g
カットトマト250g	コーンスターチ大さじ3
クミンパウダー 5g	パニールチーズまたはリコッタチーズ300g
カレー粉5g	グレープシードオイル1500〜2000ml
塩10g	
砂糖5g	生クリーム
	ミントの葉数枚

◆ まずジャガイモを洗い、3000mlの水が入ったキャセロール鍋に入れ、粗塩を加えて沸騰させます。ジャガイモを20分茹でたらざるにあけて水を切り、皮をむいてボウルに煎ります。皮をむいたエシャロットと青唐辛子、パセリをみじん切りにします。これらを、ガラムマサラ、塩、コーンスターチと一緒にジャガイモに加えます。ここにチーズを砕きながら加えます。すべての材料が均一に混ざり、しっかりした生地になるまでこねます。

◆ マサラソースの準備をします。紫玉ねぎの皮をむき、みじん切りします。ニンニクの皮をむき、芯を取り、みじん切りにします。生姜の皮をむき、みじん切りにします。ココット鍋に油を少量入れ、中火で熱し、ここにカレーリーフ、シナモンスティック、カルダモンシードを入れて2分熱します。次に、みじん切りにした紫玉ねぎ、ニンニク、生姜を加えて中火で5分炒めます。カットトマト、クミンパウダー、カレー粉、塩、砂糖を加え、よく混ぜて煮立たせます。蓋をして時々かき混ぜながら15分間煮込みます。

◆ この間に、ボール状に丸めた生地を16個作り、冷蔵庫で30分寝かせます。

◆ 油を160℃に加熱し（キッチン温度計で温度を確認します）、丸めた生地をきつね色になるまで1分30秒〜 2分間揚げます。揚げ終わったら、キッチンペーパーに置きます。

◆ 4つのスープボウルにソースを注ぎ、生クリームを少量垂らします。各スープボウルにチーズボールを4個ずつ入れ、フレッシュミントの葉を数枚添えて完成です。

決闘の魂

陸と海の幸のおこげ料理（オリジナルタフチーン）

レベル：1

4人分
準備時間：30分
寝かせる時間：30分
調理時間：2時間

材料

鶏肉とマリネ液：
鶏モモ肉300g
塩、コショウ
ギリシャヨーグルト300g
ターメリック小さじ1
唐辛子粉小さじ1
クミン小さじ1
カルダモン小さじ1
ニンニク2片
生姜2cm
有機レモン2個

魚：
鱒（切り身）1切れ
塩、コショウ
オリーブオイル
レモン果汁1個分

ご飯：
バスマティライス300g
水600ml
塩
オリーブオイル

水120ml
サフラン2本
オリーブオイル
紫玉ねぎ2個
ニンニク2片
バターまたはギー 40g
塩（適量）
砂糖（適量）
クミン小さじ1
ガラムマサラ小さじ1
唐辛子粉小さじ1
ギリシャヨーグルト300g
卵3個
カレー粉小さじ1
フレッシュパクチー
フムスまたはレモンコンフィのフムス150g

◆ まず、鶏肉の下の準備をします。鶏肉を均一な大きさに切り、ボウルに入れて軽く塩コショウします。ヨーグルト、ターメリック、唐辛子粉、クミン、カルダモン、みじん切りにしたニンニクと生姜、レモンの果汁と皮を加えます。よく混ぜて30分以上寝かせます（冷蔵庫の場合、最大12時間）。

◆ 次に魚の準備をします。鱒を小さく切り分け、ボウルに入れます。軽く塩コショウし、オリーブオイルとレモン果汁を加えます。よく混ぜてぴったりとラップで覆い、冷蔵庫に20分間置きます。

オリジナル料理

セノ

決闘の魂

セノのオリジナル料理。黄金に輝く米粒が、不可思議な丘のように高く盛られている。スプーンで一口分すくい、香ばしい肉を口に入れると、言いようのない衝動に駆られる——今すぐ「七聖召喚」カードを出して、思う存分決闘をしたい！

◆ バスマティライスの準備をします。バスマティライスを3、4回すすいでからキャセロール鍋に入れます。水に浸し、塩を加えます。蓋をして中火で軽く沸騰させます。蓋をしたまま中火で8分間炊きます。鍋を火から下ろし、蓋をしたまま10分蒸らします。ざるにあけて水を切り、冷水ですすいで冷まします。オリーブオイルをたっぷりかけ、よく混ぜておきます。

◆ キャセロール鍋に水120mlを入れて煮立たせ、火から下ろしてサフランを入れて抽出します。その間に、ピラミッドの形をした型の底と内側にたっぷりとオリーブオイルを塗り、200℃のオーブンに入れます。

◆ 玉ねぎの皮をむいて薄切りにし、ニンニクの皮をむいて芯を取り、みじん切りにします。フライパンまたはソテーパンにオリーブオイル大さじ2を入れ、中火でバターを溶かします。玉ねぎを入れ、塩と砂糖を少しふり、焦げ目を付けず柔らかく煮詰めるように、時々混ぜながら10分炒めます。次に、ニンニクと下味の付いた鶏肉を加えます。鶏肉の両面をそれぞれ4分ずつ焼き、次に細かく切った魚を加えます。クミン、ガラムマサラ、唐辛子粉で味付けし、混ぜあわせてから、コップ一杯の水でデグラッセします。木べらを使ってフライパンまたはソテーパンの底の旨味をこそげ取ります。

◆ 鶏肉と魚に火が通ったら、まな板に取り出してほぐします。これをフライパンに残った具材と一緒にボウルに入れて混ぜます。別のボウルにヨーグルト、卵、サフラン水、カレー粉を入れ、混ぜあわせます。炊き上がったご飯を加えてよく混ぜます。

◆ オーブンに入れていた型を取り出し、熱くなったオイルを捨てます。ご飯を型の半分まで詰めます。鶏肉と魚を混ぜた具材をまん中にのせます。残りをまたご飯で覆います。スープスプーンの背を使ってご飯の表面を平らにならし、オーブンで1時間30分焼きます。

◆ 焼き上がったらオーブンから取り出し、ナイフを使って型の端からおこげを剥がしながら型から外します。

◆ 皿に盛り付け、フレッシュパクチーを添えます。クリーミーなフムスを絞り袋に入れ、タフチーンの各面に細く絞り出し、ゲームのアイコンのような飾りを描きます。

料理のコツ

テイワットでの料理は必ずしも簡単ではありません。
ここでは調理法を理解し、
うまく作るための料理のコツをいくつかご紹介します。

パートブリゼ(練パイ生地)

準備時間:10分
寝かせる時間:2時間

材 料

小麦粉250g
塩5g
バター(室温に戻したもの)125g
冷水125g

- ボウルに小麦粉と塩を入れます。バターを細かく切り、ボウルに加えます。指でバターを小麦粉に押し込むようにしながら、ざらざらした質感になるまで混ぜ込みます。

- ボウルに水を一度に注ぎ、素早くこねて均一な生地を作ります。

- 作業台に打ち粉をし、その上に生地の塊を置きます。あまりこねすぎないように、滑らかな球状になったら、ぴったりとラップで包み、冷蔵庫で2時間以上寝かせます。これですぐに使えるパートブリゼの完成です。

ピザ生地

準備時間:15分
寝かせる時間:1時間30分

材 料

小麦粉(00またはT45)150g
生イースト3g
塩3g
水(常温)85.2ml
オリーブオイル4g

- ボウルに小麦粉、イースト、塩を入れて、生イーストを均一に混ぜ、ぬるま湯を加えて手早く混ぜます。しばらく置いておきます。

- 5〜8分間しっかりこねます。オリーブオイルを加えてさらに2分こねます。生地をボウルに入れ、濡らした布で覆い、1時間寝かせます。

- さらに2分間こねてガス抜きをします。生地を小分けにし、カバーをして30分休ませます。トッピングする前に生地を伸ばします。

お好みの香味バター

準備時間:10分

材 料

有塩バター 100g
イタリアンパセリ¼束
レモン果汁1個分

- まず、バターをポマード状にします。ボウルの中で、ゴムべらを使ってバターを練り、ポマードのような粘り気になったら、しばらく置いておきます。

- パセリを洗い、乾かしたら細かく刻みバターに加えます。レモン果汁を加え、すべての材料を柔らかいへらで混ぜあわせます。バターをラップの上にのせて包み、使用するまで冷蔵庫で冷やします。これでパセリバターの完成です。

- 味噌風味のバターを作る場合、パセリの代わりに好みの味噌大さじ1を、柔らかいへらを使用してポマード状のバターに加えます。

- 唐辛子風味のバターを作る場合、パセリの代わりに唐辛子ピューレ大さじ1を、柔らかいへらを使用してポマード状のバターに加えます。

ソース

自家製ケチャップ

小瓶1本分
準備時間:10分
調理時間:30分

材　料
ニンニク1片
紫玉ねぎ1個
完熟トマト6個
オリーブオイル大さじ2
クミンパウダー 2つまみ
ジンジャーパウダー 2つまみ
トマトペースト大さじ2
ブラウンシュガー 20g
赤ワインビネガー 100ml
塩、ミル挽きコショウ

- 野菜の準備をします。ニンニクと紫玉ねぎの皮をむき、細かく刻んでおきます。トマトは湯むきして大きめにカットしておきます。

- キャセロール鍋にオリーブオイルを入れて中火で熱し、ニンニクと紫玉ねぎを加え、3分間炒めます。クミンパウダーとジンジャーパウダーをふり、トマトペーストを加えてウッドスプーンでよく混ぜあわせ、カットしたトマトを加えます。さらに混ぜあわせ、ブラウンシュガーを加えます。いったん火を強め、沸騰したら弱火にし、蓋をして15分ほど煮詰めます。蓋を取り、さらに10分煮詰めます。その後、赤ワインビネガーを加え、塩コショウします。

- 最後に、ハンドブレンダーで2分撹拌した後、目の細かい濾し器でこします。冷ましてから瓶に詰めます。

自家製お好みソース

100ml分
準備時間:2分

材　料
ケチャップ大さじ4
ウスターソース大さじ2
醤油大さじ1
みりん小さじ1
蜂蜜小さじ1

- ボウルにすべての材料を入れて、均一になるようによく混ぜ、濃厚なソースを作ります。

フルーツマスタード

準備時間:5分

材　料
粒マスタード大さじ3
イチジクジャム小さじ1
アプリコットジャム小さじ1
粗挽きコショウひとつまみ
塩ひとつまみ
オリーブオイル20ml

- ボウルにすべての材料を入れ均一になるまで混ぜればフルーツマスタードの完成です。

マヨネーズ

準備時間:5分
材 料
卵黄3個分
マスタード小さじ2
塩、ミル挽きコショウ
ひまわり油600ml

•注：材料がすべて常温であるか、同じ温度でなければ、低温で混ざり合いません。

•ボウルに卵黄を入れ、マスタードを加えます。味を見ながら好みの味になるよう塩コショウで味を調えてください。泡立て器で混ぜて、均一なクリーム状にします。

•ひまわり油を少しずつ注ぎながら泡立て、すべて混ぜあわせます。数分でクリーミーなマヨネーズが完成します。

自家製和風マヨネーズ

準備時間:5分
材 料
卵黄1個分
マスタード大さじ1
砂糖小さじ1
塩ひとつまみ
米酢またはリンゴ酢小さじ1
レモンまたは柚子果汁大さじ1
植物油
（キャノーラ油、ひまわり油、グレープシードオイル）
100ml

•ボウルに卵黄、マスタード、砂糖、塩を入れてよく混ぜ、米酢（またはリンゴ酢）、レモン（または柚子）果汁を加えます。

•かき混ぜながら植物油を少しずつ加え、全体が均一でクリーミーに混ざり合うようにします。

カレーとパクチーのマヨネーズ

準備時間:5分
材 料
卵黄3個分
マスタード小さじ2　塩とミル挽きコショウ
ひまわり油600ml
カレー粉小さじ1
フレッシュパクチー（刻んだもの）½束

•注：材料がすべて常温であるか、同じ温度でなければ、きちんと混ざり合いません。

•ボウルに卵黄を入れ、マスタードを加え、塩、コショウで好みの味に調えます。泡立て器で混ぜ、均一なクリーム状にします。

•次に、ひまわり油を少しずつ加えながら材料をかき混ぜ、完全に混ぜ合わせます。滑らかになったらカレー粉とパクチーを加え、数秒ほどしっかり泡立てて混ぜあわせます。これでほのかにスパイシーなマヨネーズの完成です。

ブイヨン

ビーフブイヨン

準備時間:10分
寝かせる時間:1時間
調理時間:4時間30分

材　料

牛すね肉1kg
炭酸水2000ml
玉ねぎ(大)1個
ニンジン2本
リーキ1本
グレープシードオイル大さじ3
塩
干し椎茸2個
ブーケガルニ1束
クローブ1本
粗塩25g
粒コショウ数粒
ミネラルウォーターまたは水道水3000ml

- 調理の1時間前に、肉の準備をします。肉を小さな角切りにし、骨も残しておきます。すべてボウルに入れ、ひたひたに炭酸水を注ぎます。これにより血液や肉のアクを一部取り除くことができます。冷蔵庫に保存します。

- 香味野菜の準備をします。玉ねぎとニンジンの皮をむき、賽の目切りにします。リーキを洗って水気を切り、緑と白の部分を輪切りにします。

- 鋳鉄製ココット鍋にグレープシードオイルを入れ、中火で熱します。香味野菜を入れ、時々かき混ぜながら色付くまで5分間炒めます。火が通ったらいったん香味野菜を取り出します。

- 鍋を強火にします。肉を水から取り出し、ざるにあけて水を切って乾かした後、全体に軽く塩をふります。牛すね肉を鍋に入れ、ウッドスプーンでかき混ぜながら10分炒めます。肉に焼き色が付いたら、香味野菜を戻します。干し椎茸、ブーケガルニ、クローブ、粗塩、粒コショウを加えます。すぐに水でデグラッセし、木べらで鍋の底の旨味をこそげ取ります。

- 軽く煮立たせたら弱火にして、時々アクをとりながら4時間煮込みます。

- 鍋の中身を目の細かいこし器でこし、濃厚なエッセンスだけを集めます。これでビーフブイヨンの完成です。

デミグラスソースにする場合のポイント：ブイヨンを強火でさらに煮詰めます。濃縮させる過程で量が減ったら、適宜小さな鍋へと中身を移してください。3000mlのブイヨンを300ml程になるまで煮詰めればデミグラスソースの完成です。デミグラスソースはシロップ状でスプーンにからむほどの粘り気がなくてはなりません。

チキンブイヨン

準備時間:20分
調理時間:2時間15分
材 料
鶏がら2kg
グレープシードオイル100ml
無塩バター 50g
ニンニク1片
エシャロット2個
水2000ml
ブーケガルニ(タイムとローリエをリーキの葉を巻いたもの)1束
ローズマリーの枝1本
ジュニパーベリー 2粒
粗挽きコショウひとつまみ

・鶏がらを砕き、グレープシードオイルとバターを入れた深鍋で炒めます。中火で混ぜながら炒め、鶏がらがきつね色になったら取り出し、取っておきます。

・鍋の脂分を小さな網杓子で取り除きますが、鍋底の旨味を含む汁は残しておきます。この汁の中でニンニクとエシャロットを中火で最大5分煮詰めます。その後、水を注ぎ、ブーケガルニを加えて1時間煮込み、ローズマリーの枝、ジュニパーベリー、粗挽きコショウを加えてさらに30分煮込みます。こうして浸すことでブイヨンにコクと風味が加わります。

・煮込み終えたら鍋の中身をこして汁だけを残して保存します。

魚のブイヨン(フュメ・ド・ポワソン)

準備時間:20分
調理時間:40分
材 料
エシャロット2個
玉ねぎ1個
リーキ2本
セロリの茎1本
オリーブオイル
無塩バター 50g
魚のあら400g
白ワインまたはみりん100ml
水1000ml
ブーケガルニ1束

・まず、香味野菜の準備をします。エシャロットと玉ねぎの皮をむいてみじん切りにします。リーキとセロリは洗って賽の目切りにします。

・深鍋にオリーブオイル少々とバターを入れて中火で熱します。バターが溶けたら、魚のあらを加えて1分炒めた後、香味野菜を加えます。さらに1分ほど炒めたら、白ワインでデグラッセし、よく混ぜあわせてから、ひたひたに水を加えます。

・ブーケガルニを加え、蓋をして弱火にし、軽く沸騰させます。時々アクを取りながら、35分煮込みます。煮込み終えたら、鍋の中身をこし器でこし、澄んだ魚のフュメだけを保存します。

鰹だし（鰹と昆布のだし/昆布のだし）

鰹節のブイヨン（だし）

準備時間:5分
調理時間:15分
寝かせる時間:35分
材料
昆布10g
ミネラルウォーターまたは水道水2000ml
鰹節（削り節）40g

鰹だしは、非常に香り高く、深い味わいがあり、日本のスープや汁物のベースになります。

- 大きいキャセロール鍋に昆布と水を入れて煮立て、削り節を加えます。再度煮立てた後、火から下ろします。

- 蓋をして35分寝かせ、濾すとだしの完成です。

野菜のブイヨン

準備時間:10分
調理時間:2時間
寝かせる時間:30分
材料
ニンジン（賽の目切り）4本分
リーキ（白い部分）1本
セロリの茎½本
玉ねぎ1個
ブーケガルニ（リーキ緑の部分1本、パセリの茎4本、フェンネルの枝1本、ローリエの葉1枚、タイムの枝1本）1束
エシャロット1個
水2000ml
白ワイン150ml
八角1個
カルダモンシード3粒

- 材料をすべて深鍋に入れ、蓋をして2時間煮ます。その後、火から下ろして30分間置いてからブイヨンをこし器でこします。

ヴィーガンだし

準備時間:5分
調理時間:15分
寝かせる時間:35分
材料
昆布10g
干し椎茸4個
ミネラルウォーターまたは水道水2000ml
醤油大さじ1

- 大きめのキャセロール鍋に昆布と干し椎茸を入れ、水と醤油を加えてひと煮立ちさせたら鍋を火から下ろします。

- 蓋をして35分置いておいた後、こしたら完成です。

野菜くずのブイヨン

準備時間:2分
調理時間:1時間30

このレシピには材料のリストはありませんが、アドバイスだけ書いておきます。料理をするときに残る、玉ねぎ、ニンニク、ニンジンの皮、リーキや葉玉ねぎの緑の部分や根、生姜の皮、エンドウ豆や枝豆の鞘などを密閉袋に保存しておくとよいでしょう。ただし、茎や花がすべて食用に適しているわけではありません。上記に挙げた以外の野菜については、皮、葉が食用に適しているか確認するようにしてください。

- 冷蔵庫に保存しておいた野菜くずを、水を入れたココット鍋に入れ、中火で1時間30分加熱して風味をしっかりと濃縮します。

ハーブ

ディル
ディルは非常に香りが強い植物で、その香りはフェンネルやアニスを思わせます。主に魚料理に使用されます。

パクチー
パクチーは、深く切れ込んだギザギザの葉が特徴です。スープやブイヨンのほか、肉のグリル料理などに使われます。

ラベンダー
甘い香りを持つ、濃青紫色のラベンダーは繊細な植物で、クリームやビスケットの風味を引き立てたり、アクセントとして使用されます。アプリコットや桃などの果物とよく合います。

ミント
ミントは料理だけでなく、カクテルやドリンク、ハーブティーにも使用される芳香植物です。種類や用途が多く、生野菜、ソース、サラダなどの料理や、デザート、クリーム、ムースの風味をその爽やかさで引き立たせます。

パセリ

広く使われる芳香植物で、カーリーパセリとフラットパセリ（イタリアンパセリ）があります。ニンニクとともにパセリバターの材料となるほか、ソース、サラダ、肉の味付けにも使用されます。

セージ

セージはやや苦味のある強烈な芳香のする植物です。

ローズマリー

ローズマリーは、セージ、タイム、タラゴンと同様、プロヴァンスハーブのひとつです。香木のようなその香りは甘く、存在感があり、塩味の料理にも甘い料理にもよく合います。

タイム

ドライとフレッシュがあり、広く使用されています。料理にほのかな苦味とやや土っぽい風味を加えます。ローズマリーなど、ほかの芳香植物との相性も抜群です。ブーケガルニの材料のひとつで、肉料理やブイヨンだけでなく、トマト、スクランブルエッグ、フロマージュブランにも見事にマッチします。

ヴェルヴェーヌ

ヴェルヴェーヌはシロップやデザートに使用され、ほのかにレモンのような甘い香りを加える植物です。

調理用語

あ

泡立てる／（卵を）溶く（BATTRE）
よく混ぜあわせるため、あるいは嵩を増やすため、泡立て器（ホイッパ）で材料を勢いよくかきまわすこと。

アンビベする（IMBIBER）
ケーキやビスケットに液体を染み込ませて、しっとり感や風味を加えること。

エモンデする（ÉMONDER）／湯むきする
アーモンド、ピスタチオ、トマトなどをさっと湯通しして、皮を取り除くこと。

か

鰹節
鰹（本マグロに似た魚）を乾燥させ、削ったもの。鰹節を加えると料理に塩味が加わります。

寒天（AGAR-AGAR）
寒天は天然のゲル化剤で、クーリ、ジャム、フォンダン、フルーツピューレ作りに使用されます。

生地（APPAREIL）／アパレイユ
材料を混ぜあわせたものを指します。

キュ・ドゥ・プル（CUL-DE-POULE）／ボウル
半球状の容器で通常はステンレス製。

コンカッセする（CONCASSER）／粗く刻む
果物、野菜、ドライフルーツ、チョコレートなどを割ったり、砕いたりして、不規則な大きさの破片にすること。

コンフィールする（CONFIRE）／シロップ漬けにする
フルーツコンフィを作ったり、保存のため、果物を砂糖シロップに漬け込むこと。

コンポテする（COMPOTER）／煮詰める
材料を弱火でじっくりと煮詰め、コンポートの粘り気を出すこと。

さ

シズレする（CISELER）／みじん切りにする／小口切りにする／細かく刻む
野菜やハーブをナイフでみじん切り、あるいは小口切りにすること、細かく刻むこと。

ゼステする（ZESTER UN AGRUME）／柑橘類の皮を削ぐ
「ゼスター」（柑橘類の皮おろし器）またはピーラーを使って柑橘類の皮を取ること。皮はクリームや他の料理に添えることができる。

ソテーする（FAIRE SAUTER）／炒める
中火から強火でフライパンに油をひいて食材を炒めること。

た

卵をクラリフィエする（CLARIFIER DES ŒUFS）／卵黄と卵白に分ける
卵を卵黄と卵白に分けること。

タミゼする（TAMISER）／濾す
小麦粉や砂糖などの粉末を、ふるいやシノワ（目の細かいこし器）にかけて、材料のダマや塊を取り除く作業のこと。

デタイエする（DÉTAILLER）／切り抜く
ナイフや型抜きを使って、食材や生地を決まった形に切り取ること。

デノワヨーテする（DÉNOYAUTER）／種（芯）を取る
果物の種（芯）を取り除くこと。

トレフィエする（TORRÉFIER）／焙煎する
一般的に乾燥した食材、たとえば、コーヒー豆、アーモンド、あるいはクローブなどを油を使わずに加熱し、香りを引き出すこと。

な

ナッペする（NAPPER）／塗りつける
ソースやクリームを仕込んだ食材に均等に塗りつける作業。

は

パン粉（CHAPELURE PANKO）
日本料理でよく使われるサクサクしたパンのフレークです。揚げものに使うとカリっとした仕上がりになります。日本の食材店で購入可能です。

ファソネする（FAÇONNER）／成形する
手で生地の形を整えること。

フォンセする（FONCER）

型やリングに生地を敷いて、後で具材をのせたり詰め物をするための底を作ること。

フォンテーヌ（FONTAINE）
小麦粉などの材料に作るくぼみ。この中に、液体材料を注ぎ、混ぜ込む。

ブランシールする（BLANCHIR）／白くする
卵と砂糖を泡立て器でよく混ぜ、ふわふわした白い混合物を作ること。

ブランシール後（BLANCHIR）、ラフレシールする（RAFRAÎCHIR）
沸騰した湯の中に食材を短時間くぐらせた後、冷水の中に入れて冷やし、食材をまろやかにしたり、エグ味を取り除くこと。

フランベする（FLAMBER）
デザート、ソース、フルーツなどにアルコールを注ぎ、火をつけて燃やすこと。

ブリュノワーズ（BRUNOISE）／賽の目切り
野菜を一辺2～5mmの賽の目に切ること。

プレする（PELER）／皮をむく
果物ナイフやピーラーで野菜の皮をむくこと。

ペトリールする（PÉTRIR）／こねる
材料をこねあわせ、生地を作ること。

ま

マリナード（MARINADE）／マリネ液／下味／漬け汁
肉、魚、野菜に風味を付けるための香り豊かな漬け汁。

や

湯煎（BAIN-MARIE）
沸騰した大量のお湯の中に容器ごと入れ、お湯の熱で加熱する調理技術。容器の中身をゆっくり加熱することで、生地が焦げるのを防げます。

ら

リエする（LIER）／とろみを付ける／つなぐ
小麦粉や卵黄などのつなぎ材料を加えて、液体の濃度を高め、ソースやポタージュ、クリームにとろみを付けること。

リソレする（FAIRE RISSOLER）／焼き固めて旨味を閉じ込める
肉、果物、野菜を油で炒めて、香ばしく焼き色が付くまで、または食材にしっかり火が通るまで加熱すること。

リュバン（RUBAN）
クリームや生地（アパレイユ）が、すくい上げるとリボンのように流れ落ちて折り重なる粘り気のある状態。

レゼルベする（RÉSERVER）／置いておく
調理の途中で、仕込み品や食材を後で使用するため、いったん脇に置いておくこと。

レデュイールする（FAIRE RÉDUIRE）／濃縮する
液体を加熱し、水分を蒸発させて煮詰め、風味を凝縮すること。

調味料索引

あ

アーモンド ― 163
アーモンドミルク ― 94、128、166
青ねぎ ― 65、74、117、131
青のり ― 131
油揚げ ― 105
アプリコットジャム ― 177
あんこ ― 127
イースト ― 35、77、176
イカ ― 51
イカ墨 ― 101
いくら ― 69
イチゴ ― 53
イチジクジャム ― 177
インゲン豆 ― 147
うどん ― 105
エシャロット ― 31、117、147、168、180、181
エディブルフラワー ― 43、48、70、160
エビ ― 65、69、69、73、84、159
エリンギ ― 22
エンドウ豆 ― 145
オイスターソース ― 74、90、102
オマール海老のビスク ― 51
オレンジフラワー水 ― 163

か

ガーリックパウダー ― 142
カシューナッツ ― 152、159、160
片栗粉 ― 19、69、73、90
鰹だし（粉末）― 120、131
鰹節（削り節）― 131、181
カニ ― 51、82、84
ガラムマサラ ― 48、109、152、159、160、168、171
ガリ（生姜の甘酢漬け）― 117
カリフラワー ― 39、156
カルダモン ― 171、168、181

カレー粉 ― 48、109、141、142、147、152、152、155、156、159、168、171、178
カレーリーフ ― 168
ガレット ― 155
ギー ― 171
牛肉 ― 27、31、66、87、179
牛乳 ― 53、77、141
キンカン ― 81
くず粉 ― 123
クミン（クミンパウダー）― 141、142、147、151、152、160、168、171、177
グリーンピース ― 43、48、87、160
クルトン ― 145
クルミ ― 163
グレープフルーツジュース ― 59
クローブ ― 27、179
ケチャップ ― 102、113、177
紅茶（ティーバッグ）― 128
高麗ニンジン ― 84
コーンスターチ ― 65、70、90、166、168
コケモモジャム ― 19
ココナッツクリーム ― 159
ココナッツミルク ― 145
コショウ ― 17、19、27、39、51、69、73、147、151、156、171、177、178、179、180
コチュジャン ― 27
子羊肉 ― 151、160
小麦粉 ― 19、22、27、31、35、39、48、53、77、87、109、113、127、131、147、176
コリアンダーシード ― 160
昆布 ― 181

さ

魚のあら ― 180
桜の葉の塩漬け ― 127
砂糖 ― 31、48、53、56、66、70、77、82、93、94、101、117、123、

127、163、166、168、171、177、178

鯖 － 132

サフラン － 171

ザワークラウト － 31

山椒粉 － 66

椎茸 － 69、70、84、179、181

塩 － 17、19、22、27、31、35、39、43、47、48、51、53、65、66、
69、70、73、74、77、81、82、84、87、89、90、101、109、113、
117、120、131、141、142、145、147、151、152、155、156、
159、160、168、171、176、177、178、179

七面鳥 － 113

シナモンスティック － 77、160、168

シナモンパウダー － 163

シメジ － 89

ジャガイモ － 19、39、43、47、48、70、145、147、156、168

鮭 － 101

ジャスミンティー（茶葉）－ 94

ジュニパーベリー － 180

生姜 － 65、69、70、73、74、77、82、84、89、90、102、109、117、
147、152、155、168、171

紹興酒 － 65、69、73、74、77、81、82、90

醤油 － 66、69、70、73、74、77、81、82、84、87、89、90、102、
105、109、113、117、120、131、132、141、177、181

植物油 － 19、31、35、39、43、47、48、51、53、65、66、69、70、
73、77、81、82、84、87、89、90、102、109、113、117、120、
131、141、142、147、151、152、155、156、159、160、165、
168、171、176、177、178、179、180

食用花びら － 65

食用色素 － 56、59、124、127、142、166

白ゴマ － 165

ジンジャーパウダー － 142、160、177

酢 － 17、101、113、178

鱸 － 89

ズッキーニ － 48

セモリナ粉 － 31、35、147

ゼラチンパウダー － 56、94

セロリ － 27、180、181

ソース － 131、177

ソーセージ － 25、84

た

ターメリック － 142、159、171

鯛 － 81

ダイコン － 132、135

だし（野菜・鰹・昆布）－ 89、105、106、109、132、135

タピオカパール － 128

タヒニ（練りごまペースト）－ 151

卵 － 17、19、31、53、65、74、109、113、117、120、131、141、
166、171、178

玉ねぎ － 19、27、31、39、48、51、87、132、135、152、160、
179、180、181

鱈 － 69

チーズ － 35、47、168

チャイブ － 19、69、70、73、74、81、105、156

中華麺 － 117

チョコレート － 53

唐辛子 － 27、35、66、74、84、89、90、141、142、147、152、
168、171

唐辛子ペースト － 27、81、90、102、151、155

豆腐 － 82、102、106、124

トニックウォーター － 59

トマト － 151、152、155、168、177

トマトピューレ － 27、35、48

トマトペースト － 109、177

鶏がら － 180

鶏肉 － 43、90、142、152、155、171

豚骨 － 117

な

長ねぎ － 131

ナス － 70、135

ナツメ － 74、84

生クリーム － 27、39、53、109、145、152、156、168

鳴門巻 － 105

日本酒（料理酒） － 84、90、102、109、117、120

ニンジン － 27、31、48、73、84、87、135、179、181

ニンニク － 22、31、35、43、48、51、66、70、84、89、109、
　117、152、155、159、160、168、171、177、180

は

パートフィロ生地 － 163

パートブリゼ － 31

パールオニオン － 43

パイナップルジュース － 59

白菜 － 102、131

パクチー － 141、147、152、155、159、160、171、178

パクチョイ － 77、89

バジル － 25、35、73、81、109

パセリ － 22、51、81、156、168、176

バター － 17、19、22、27、31、39、43、47、48、53、87、93、
　109、152、156、159、160、163、171、176、180

葉玉ねぎ － 70、74、82、89、90、102、106、109、113、147、
　159

蜂蜜 － 43、87、94、102、109、120、128、151、163、165、177

八角 － 74、77、160、181

バニラビーンズ － 166

パプリカパウダー － 147、156

ハマグリ － 51

ハム － 17、39、47

パルメザンチーズパウダー － 35、39

パン － 102

パン粉 － 74、19、113、141

パン・ド・カンパーニュ － 17、47

ビーツジュース － 93

ピーナッツ － 90、93

ピーナッツクリーム － 123

ビーフデミグラスソース － 25

ピーマン － 90

ビール － 31

ひき肉 － 19、73、74、141

ピスタチオ － 94、163、165

ピタパン － 151

ひよこ豆 － 48、147、151

ヒラタケ － 142

ブイヨン（肉・魚・野菜） － 31、39、48、51、74、77、82、84、
　87、109、145、159、160

ブーケガルニ － 27、31、48、87、179、180、181

豚肉 － 31、77、84、113、117

フムス － 171

ブリオッシュ － 47

ブリック生地 － 141

ブロッコリー － 39

ベーキングパウダー － 53、77

ベーコン － 25、87、102、131

ヘーゼルナッツ － 93、165、166

花椒 － 77、81、89、90

ほうれん草 － 39

ホタテ － 84

ホワイトビネガー － 17

ま

鱒 － 156、171

マスタード － 17、177、178

マッシュルーム － 35、69、84、109、131

抹茶 － 124

松の実 － 19、35

マヨネーズ － 113、131、141

マンゴーチャツネ － 155

ミード － 43

味噌 － 106、113、131

三つ葉 － 113

ミニトマト － 25、47、109

みりん － 101、105、106、109、113、117、120、131、132、
　177、180

ミント － 53、56、59、66、89、128、141、145、147、151、155、
　168

ミントシロップ － 59

紫玉ねぎ － 151、155、168、171、177

紫山芋パウダー — 128
メープルシロップ — 165
メンマ — 117
もち粉 — 124、127
もち米粉 — 93
もやし — 89

や

焼きそば麺 — 102
柚子 — 178
柚子コショウ — 109
湯種 — 77
ヨーグルト — 142、151、152、155、171

ら

ライス — 101、109、113、132、159、160、171
ラズベリー — 53
ラビオリの皮 — 69、73
ラベンダー — 166
リーキ — 84、179、180、181
緑茶 — 65
レーズン — 160
レタス — 74、135
レモン — 17、81、151、156、171、178
レモン果汁 — 56、159、163、171、176
レモンコンフィ — 155
レモンリーフ — 74
レンコン — 74
ローズウォーター — 166
ローズマリー — 43、180

わ

ワイン — 27、43、180、181
ワインビネガー — 177
わかめ — 106

※日本語版編集部注：本書に記載されている料理器具・食材について

【調理器具】
- ココット皿：小型の円形または楕円形の耐熱容器。陶器が多いがガラス製のものなどもある。また、これを用いた料理。特に卵を割り入れて焼いたものを指すことが多い。
- キャセロール鍋：フランス語で一般的な「鍋」を意味する「casserole（キャセロール）」。厚手で蓋付きの両手鍋で、直火で料理できる（炒める、煮る、揚げるなど）ほか、オーブンで加熱も可能。鋳鉄、銅や耐熱性のガラス、陶磁器、ほうろうなどさまざまな素材で作られている。
- ココット鍋：厚手のふた付き両手鍋。特に、鋳物で直火のほか鍋ごとオーブンに入れて煮込み料理などに用いることができるものを指すことが多い。
- 鋳鉄製ココット鍋：鋳鉄で造られたココット鍋。
- スタンドミキサー：パン生地などを作るためのミキサーのこと。

【食材】
- 小麦粉（強力粉00または薄力粉T45）：「00」はイタリアの小麦粉の中でも一番細かいもの。「T45」は精製度が高いものを指す。日本では強力粉、中力粉、薄力粉に分けられ、そのほか、製パン用、製菓用、パスタ用、ピザ用などの小麦粉も販売されている。
- マッシュポテト用ジャガイモ（大型アグリア種、ビンチェ種）：大型アグリア種は、ドイツのフライドポテトに使われているじゃがいもの品種。黄色く風味があり、クリーミな甘みのある味わいが特長。ビンチェ種はベルギーのビンチェ種と呼ばれる黄色いじゃがいも。フライドポテトの発祥と言われるベルギーでフライドポテトに使われている品種。日本国産じゃがいもで似ているのは「きたあかり」。
- ミニジャガイモ（グルナイユ種）または小型のシャルロット種ジャガイモ：いずれもフランス産の皮の薄い小さいじゃがいも。日本でもフランス製冷凍食品を取り扱う店舗で入手できるほか、メークインでも代用可能。
- 中性植物油：料理の味を邪魔しない油のこと。植物油、グレープシードオイル、キャノーラ油、コーン油が代表的。非中性油は料理に風味を加えられるので、油の風味と料理の味が衝突しないレシピに利用するべき。該当する油はオリーブオイル、ごま油、くるみ油など。
- ミード：蜂蜜酒。蜂蜜を主原料とし、発酵させてつくったお酒です。アルコールを添加したリキュールではなく、ビールやワインのような醸造酒。ネット購入可。欧米諸国を中心に近年、注目されている。
- シュヴァルツヴェルダー・シンケン：ドイツのシュヴァルツヴァルト地方で設定された製品仕様に従って製造された、骨のない燻製生ハム。
- アボンダンスチーズ：フランスのサヴォワ地方、オート＝サヴォワ県で生産される、牛乳を原料としたチーズ。ハードタイプに分類される。日本国内でもチーズ専門店で購入可。
- ヨーロッパイチョウガニ：ヨーロッパでは最もポピュラーな食用種のカニで、イギリスでは単に「食用カニ」と言えば本種を指す。身肉は繊維がしっかりしており、さっぱりとした甘みがあって美味。また、ミソや内子は濃厚な旨みをもつ。単純にレモンを垂らして食したり、むき身にソースなどを加えて殻に詰め、さまざまな料理に用いる。
- ビスク：海老・蟹など甲殻類を使って作る濃厚なスープの総称。
- フロステッドミントシロップ：ミント風味のカクテルに使うシロップ。
- タイバジル：ホーラパーバジルとも言われる。タイ料理食材店やネットで購入可。スイートバジルで代用できるが、タイバジルはスイートバジルに比べて香りが強く、葉はアニスやクローブのような香り。
- 葉玉ねぎ：葉がついたまま玉がふくらむ前に収穫した玉ねぎのこと。旬は1～3月。青ねぎでも代用できる。
- チャイブ：シブレットのこと。アサツキ、小ネギで代用できる。
- 皺中国唐辛子：乾燥させた中国唐辛子。一般的な乾燥赤唐辛子で代用できる。
- 小麦のガレット：ガレットは一般的にはそば粉が入っているが小麦粉でできているものもある。

謝 辞

最後までお読みいただきありがとうございます。お楽しみいただけたでしょうか。

　まずはベランジェールに感謝を伝えたいと思います。彼女がいなければ、私の任務は始まっていなかったでしょう。そして、作家として、クリエイターとして数々の冒険を経験することもなかったでしょう。また、この場を借りて、改めて息子に愛を伝えたいと思います。愛しているよ、私のアンリ。もうすぐ原神の世界に連れて行ってあげるよ。一緒にテイワットで素敵な時間を過ごそう!

　いつも支えてくれ、愛と信頼を寄せてくれる両親と姉妹に感謝します。この言葉を毎回繰り返していますが、これが一番ストレートに感謝を伝えることができるからです。みんな、いつもありがとう。写真とフードスタイリングを担当してくれたシドニーとニコラにも感謝します。あなたたちがいなければ、この本はこれほど美しく仕上がらなかったでしょう。プロジェクトに注いでくれた情熱と献身的な努力に心から感謝しています。

　この本に必要だった活力を与えてくれ、また視覚デザインを提供してくれた名誉アートディレクターのジュリアンに感謝します。プロジェクトのアートディレクションを担当し、膨大なグラフィックを準備してくれたベランジェールに感謝します。私のチームで活躍してくれたバティスト、イザベル、モーラン、アルテュールに感謝します。あなたたちと一緒に仕事ができるのは本当に幸せです。レシピの選定にあたってのリサーチと多大なサポートをしてくれたDark Evil-eyeに感謝します。この本を完成させるため、アドバイスをくれた方、資料などを提供してくれた方、時間を割いていただいたすべての方に感謝します。

　MANA BOOKSのエルワンさん、このプロジェクトに声をかけていただき感謝します。ニューヨークのあのカフェでの思い出は長く私の心に残るでしょう。またあなたと一緒に仕事ができて嬉しかったです。プロジェクトに携わり、この本をみなさんにお届けすることを実現するため尽力してくれたMANA BOOKSチームに感謝します。

　私を信じてこの本での私の料理の任務を受け入れてくれたすべての原神ファンのみなさんに感謝します。みなさんのご期待に添えることを願っています。

　そして、最後に最大の感謝を、私の大切な仲間である読者、視聴者、初期からのファン、陰で支えてくれているプレイヤーのみなさんに捧げます。ありがとう、ありがとう、ありがとう、ありがとう。

　バターのある生活、それが幸せな人生です。

ガストロノギーク
ティボー・ヴィラノヴァ

原神レシピブック
テイワットグルメ紀行

原神プロジェクトチーム公認ライセンス許諾

2025年4月18日　初版発行
2025年5月30日　第2刷発行

発行者　豊島秀介
編集人　鈴木規康

著者　ティボー・ヴィラノヴァ
写真　ニコラ・ロベスタエル
フードスタイリング　シドニー・パン
アートディレクション　ベランジェール・ドゥモンシ＆ジュリアン・エスカラス
レイアウト＆カバーデザイン　ジュリアン・エスカラス
序文　ポール・ペレ、モリー・サッコ
原書（フランス語）刊行　AC Media Ltd.（別称：MANA BOOKS）

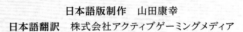

日本語版制作　山田康幸
日本語翻訳　株式会社アクティブゲーミングメディア
発行　株式会社KADOKAWA Game Linkage
〒112-8530　東京都文京区関口1-20-10
住友不動産江戸川橋駅前ビル
電話 0570-000-664（ナビダイヤル）
https://kadokawagamelinkage.jp/

発売　株式会社KADOKAWA
〒102-8177　東京都千代田区富士見2-13-3
https://www.kadokawa.co.jp/

印刷所 TOPPANクロレ株式会社

定価はカバーに表示してあります。
ISBN978-4-04-733765-7 C0076

Copyright ©miHoYo. All Rights Reserved.
Original Creation by Mana Books
Officially Licensed by Genshin Impact Project Team
© 2024 Thibaud Villanova
Photograph: Nicolas Lobbestael
First published in France in 2024 by Mana Books, an imprint of AC Media Ltd.
Japanese translation rights arranged with AC Media Ltd. through Tuttle-Mori Agency, Inc.

©2025 KADOKAWA Game Linkage Inc.
Printed in Japan
※ Japanese text only

●本書の無断複製（コピー、スキャン、デジタル化等）並びに無断複製物の譲渡および配信は、著作権法上での例外を除き禁じられています。
また、本書を代行業者等の第三者に依頼して複製する行為は、たとえ個人や家庭内での利用であっても一切認められておりません。

●本書におけるサービスのご利用、プレゼントのご応募などに関連してお客様からご提供いただいた個人情報につきましては、弊社のプライバシーポリシー（https://kadokawagamelinkage.jp/）の定めるところにより、取り扱わせていただきます。

お問い合わせ
［フォーム］https://kadokawagamelinkage.jp/
（「お問い合わせ」へお進みください）
※内容によっては、お答えできない場合があります。
※サポートは日本国内のみとさせていただきます。
※本書の内容に関する電話でのお問い合わせは、一切受け付けておりません。
また、攻略方法についてはお答えできません。ご了承ください。